臨床心理学23-1（通巻133号）

JN098537

［特集］怒りとはなにか？——攻撃性と向き合う

新刊案内

Ψ金剛出版　〒112-0005　東京都文京区水道1-5-16　Tel. 03-3815-6661　Fax. 03-3818-6848
e-mail eigyo@kongoshuppan.co.jp　URL http://kongoshuppan.co.jp/

おとなの自閉スペクトラム
メンタルヘルスケアガイド

［監修］本田秀夫　［編］大島郁葉

本書では，「自閉スペクトラム症（ASD）」ではなく「自閉スペクトラム（AS）」をキーワードとし，近年拡がりつつある，ASの特性を疾患ではなく多様なヒトの変異のあり方（ニューロダイバーシティ／ニューロトライブ）と捉える価値観に基づいて，成人期のメンタルヘルスの意味を構築していく。各章では，ASの人達の臨床像の広さや魅力，診断と具体的な支援などについて紹介され，支援者，当事者や家族，当事者と関わりの深い人達など読者のニーズに応じて多様な観点から学べるガイドとなっている。

定価3,080円

子どもが楽しく元気になるための
ADHD支援ガイドブック
親と教師が知っておきたい9つのヒント

［著］デシリー・シルヴァ　ミシェル・トーナー
［監訳］辻井正次　鈴木勝昭

注意欠如・多動症（ADHD）は世界中で最も一般的な子どもの発達障害とされる。本書は親や教師向けのQ&Aを中心に，シンプルでわかりやすく，周りの大人がADHDのある子どもとどう向き合えばよいのかを知ることができるガイドブック。発達小児科医とADHDコーチによって書かれた最新の科学的知見，そして実践的なアドバイスは，医療従事者や子どもと関わる支援の専門家にとっても役立つヒントにあふれている。

定価2,420円

周産期メンタルヘルスにおけるボンディング障害
日本語版スタッフォード面接を用いた新しいアプローチ

［編著］吉田敬子　［著］錦井友美　末次美子　山下洋　吉田敬子

本書で紹介する「スタッフォード面接」は，これから周産期メンタルヘルスを学ぼうとする人に，あらゆる範囲の精神障害に注意を払い，精神疾患の診断が考えられる母親にどのように機転を利かせて質問すれば良いかを示してくれる。また，研究者には，自己記入式アンケートと面接を組み合わせることでより良い精度の研究結果をもたらし，周産期精神医学領域では重要である国際的な比較研究を可能にする。

定価4,620円

価格は10%税込です。

[特集] 怒りとはなにか？──攻撃性と向き合う

怒りを考える
形なき感情の〈暴発〉から〈共有〉へ

橋本和明 Kazuaki Hashimoto

国際医療福祉大学

I　世に蔓延する怒りの正体

この世はさまざまな怒りに満ちあふれている。それは今の時世だからというわけではない。人間が生きていくなかには，歓喜もあれば，怒りも生じてくることは言うまでもない。そのため，われわれはそれを避けていくわけにはいかず，うまく折り合いをつけていくことが求められる。

しかし，近年見聞きする怒りの光景はあまりにも露骨であり，その怒りをどう受け取っていいものやら困惑さえ覚えることが多い。例えば，ヘイトスピーチやヘイトクライムはその最たるものと言えよう。それをする当事者は怒っていることに間違いはないが，そこに憎悪の感情を伴って攻撃性をあからさまに表出している。果たして，このようなものは単純に怒りと呼べるのだろうか。われわれは，どこか怒りの範疇を超えてしまったものをそこに見てしまい，違和感すら覚えてしまう。

それ以外にも，不可解な怒りの表出は確かにさまざまなところで見られる。SNS の書き込みによってネットで炎上するという現象を取ってみても然りである。あそこまで過剰な批判をする必要があるのかと思わなくもない。誹謗中傷がある特定の対象に向けられ，それらの怒りをぶつけられ

た者は傷つきを通り越して，時には自死にまで追いやられてしまうのである。

しかし，ここで冷静に立ち止まって考えてみたい。上記に挙げたヘイトスピーチやヘイトクライム，SNS での誹謗中傷などのいずれの怒りであれ，怒りの表出者はその怒りをぶつける対象に当初からその感情を抱いていたのだろうか。言い方を換えれば，何か正体がわからぬ怒りが自分のなかにわいていて，しかもそれをうまく表出できない。そのとき，たまたま目の前を横切った対象にこれ見よがしにその怒りをぶつけているようにも見える。今の世に蔓延する過剰な怒りの正体はこのような構図が当たらずとも遠からず存在するように思えてならない。簡単に言ってしまえば，自身の欲求不満や不充足感，葛藤など名状しがたいさまざまな心の動きを怒りに置き換え，本来はさほど怒りの対象にはなっていないにもかかわらず，ちょうど出くわしたばかりに標的にし，怒りの対象にしていることが多いということである。

いずれにせよ，われわれ現代人は怒りをうまく処理できず，その行き場を失った怒りを歪んだ形で表出しやすくなっていることは確かである。特に，コロナ禍でもある現在，他者との距離感がうまく測れない上，正体のわかりにくいモヤモヤし

た感情をどう吐き出してよいものかと悩み，それがいつしか怒りという感情と結びつき，もともと不定形だった怒りが本人の意思を離れて変容してしまうのではないだろうか。

II　怒りの本質にあるもの

　怒りにはさまざまなレベルの質と量がある。ある個人のなかにだけある怒りもあれば，特定の家族や地域が持っている怒りもある。歴史を紐解くと，社会現象に伴うその時々に起こった怒りも確かにある。それゆえに，怒りを持つ人物に近視眼的になっていたのでは怒りの正体はわかりにくい。その個人がどのような時代に，どのような環境に置かれたのかにも焦点を当て，俯瞰的にこの怒りがなぜ生じてきたのかを理解しようとしなければ，怒りの本質が見えてこない。

　怒りとは，一般的には心のなかの処理しきれないネガティブな感情と捉えられてきた。そして，人間はその怒りの処理に奮闘してきたと言える。時には，怒りは人間を地獄界の精神状態に追いやり，死後最悪の条件に転生するものと考えたり，狼，ユニコーン，ドラゴンなど，何かとてつもない扱いにくい乱暴な猛獣にもたとえられ，それをうまくあしらう猛獣使いのようになることが適切な対処法として求められた。言ってみれば，「怒りを鎮める」術を持つことが大切だとされたのである。このことは自分のなかの怒りを荒々しい生き物として外在化し，自分と切り離してそれを客体化して眺め，なだめる対処法であったと言える。

　確かに，猛獣のような怒りは，いろいろなものを破壊したり，傷つけてしまうといった攻撃性と結びつきやすい。しかし，それはやや視点を換えると，生きていく上で行動を活性化する源にもなるし，上記のように自己を客体化して捉えるきっかけにもなってくれることがある。さらに言えば，怒りがあるからこそ，それらを個人として抱えるだけではなく，家族や地域，社会ともつながることができ，そこに関係性が芽生えるとも言える。その証拠に，これまでわれわれ人間は自然災

害，戦争，犯罪，差別など多くの問題に直面した時，そこに個人を超えた大きな怒りをたずさえてきた。特に，外敵に侵され，安全が脅かされる事態に直面した際，この怒りがないとやられてしまうことも少なくなかった。つまり，そのような難局に遭遇した時，家族や社会が互いに怒りを共有して乗り越えてきたのである。その怒りは必ずしも適応的なものだけではなかったかもしれないが，時には大きなムーブメントを起こす原動力になったのも事実である。そう考えると，怒りは決してネガティブな要素だけを持つのではなく，苦しみを互いに共有し，新たなものを生み出す再生の原動力にもなりえるのである。

　ところで，怒りをポジティブに評価した三木清は，『人生論ノート』（三木，1954）に次のように記している。

　　今日，愛については誰も語っている。誰が怒について真剣に語ろうとするのであろうか。怒の意味を忘れてただ愛についてのみ語るということは今日の人間が無性格であるということのしるしである。切に義人を思う。義人とは何か，──怒ることを知れる者である。

　そして，三木は怒りと憎しみの違いを強調し，「怒はただ避くべきものであるかのように考えられている。しかしながら，もし何物かがあらゆる場合に避くべきであるとすればそれは憎みであって怒ではない。憎みも怒から直接に発した場合には意味をもつことができる，つまり怒は憎みの倫理性を基礎附け得るようなものである」と述べている。

　仏像にも怒りが示されている。不動明王にしろ，三宝荒神にしろ，その姿や表情は，まさに怒りが「心頭に発する」「怒髪，天を衝く」という表現そのものである。しかし，その姿に恐ろしさを感じる一方，不思議なことに自分たちを見守ってくれているという優しさや親しみも感じる。このような仏像には，仏法僧を守護するという意味も込め

られているのでその感覚はまんざらおかしくもない。

これらのことからしても，怒りは決してネガティブなものだけでなく，生きるポジティブな力にもなり，それをうまく保持していくことが自分を守ってくれて，創造や変化を生む作用になるのである。

III　怒りを共有すること

さて，心理臨床における怒りに言及すれば，怒りはやはり扱いにくい感情，ネガティブな思考と捉えられることが多い。それゆえ，怒りの対処方法として，"鎮める""収める"というテーマとなったり，アンガーマネジメントのように怒りを"管理する"心理療法が選択され，それらが主流になっている。

しかし，怒りが生きる上での原動力になったり，自分を守ってくれる存在のようなものだとすればどうだろうか。単に「怒りを鎮める」ことが，逆に原動力を低下させたり喪失を招いてしまいかねない。ましてや，その怒りが根源的であればあるほど，もうひとつ別の怒りとの付き合い方を，私たちは学ぶべきかもしれない。

このような怒りの対処法について考えていくなかで，これまで人類が築いてきた文化を取り上げてみることがヒントとなる。同じ怒りを持った者同士が築き上げ，それを共有するという一つの形が文化となる。文化を通じて，人々が抱える怒りも共有され，相応の仕方で対処することを学んできた。例を挙げるとするならば，それは詩であり歌であり，物語や絵画などであったりする。

ここで大事なことは，そうすることによって怒りを個ではなく集団で抱えてきたことである。怒りを暴走させずに，そして単に個人の憎しみとし

て吐き出すだけにとどまらず，適切に怒りを保持してきた。怒りを共有することで生き続けてきたのである。

しかしながら，現代人の怒りを見てみると，表出された怒りが誰とも共有されずに，宙ぶらりんとなっていることが少なくない。そして，自分の怒りが共有されないばかりに，怒りは単なる憎しみに置き換えられ，ますます行き場所を失った怒りが蔓延してしまう。それが結果的にはヘイトスピーチ，ヘイトクライム，SNSの誹謗中傷となってしまうのではないだろうか。

心理臨床の現場では，クライエントの怒りをセラピストがいかに共有できるかということが何より大切である。そして，アンガーマネジメントのようなプログラムを実施する際も，クライエントと一緒に怒りを共有するという作業が要となる。単に怒りのコントロールの仕方を身につければよいというセラピストの志向は，怒りの一側面を捉えてはいるが，怒りの多面性にも目を向けていかねばならない。

最後に，怒りを共有することによって，難局を乗り越えていく知恵が生まれてくるということも大切な視点であると強調しておきたい。これまで述べたように，先人達の作った文化的作品の数々はある意味では怒りの表現の一つであり，そこには怒りを乗り越える知恵がある。先に引用した三木清も，「怒を避ける最上の手段は機智である」といみじくも述べているが，この「機智」をいかにクライエントとの間で見出していくかがわれわれ心理職の重要な役割であり，心理臨床の醍醐味である。

▶文献
三木清（1954）人生論ノート．新潮社．

［特集］怒りとはなにか？──攻撃性と向き合う

［対談］〈怒り〉はささやく
義しさとバランス感覚を基底にして

村瀬嘉代子 Kayoko Murase
大正大学大学院／（財）日本心理研修センター

橋本和明 Kazuaki Hashimoto
国際医療福祉大学

橋本　今回の特集テーマである「怒り」は，臨床心理学のなかで最も論じられることの多いテーマのひとつです。「怒り」をどのように抑えるのか，そしてどのようにコントロールするのか，これはたとえば「アンガーマネジメント」というアプローチとして確立され，多くの実践や研究が重ねられています。一方で「怒り」には，単に制御する対象というだけではない，何か人間の本質のようなものが垣間見える側面もあるように思います。わたしたちはこのような「怒り」のさまざまな表情をどう捉え，そしてどのように「怒り」に向き合っていくべきか，さまざまな角度から論じてみたいと考えています。

I　「瞬発的な怒り」と「普遍的な怒り」

村瀬　一口に怒りと言ってもいろいろなレベルがあると思います。例えば，職場で他人や仕事への配慮が足りない人に思わず怒りを覚えることがあったとして，そこで怒りを露わにしても，それで物事が解決に至ることはありませんでしょう？　世の中にはひどく興奮して怒る方がたくさんいらっしゃいますけれど，怒っても希望通りに事態が変わることはほとんどなく，迂遠であっても，感情的にならずに相応の手順を踏んで事を運ぶほ

うが順当のように思われます。それに，生きていれば必然的に，不愉快な感情を抱くことは少なくありません。だからこそ，ささやかなことにでも喜びを感じられるのではないかと思います。

　ただ，こんなふうに日常の対人場面で生じる怒りとは違って，人間というものに共通する「普遍的な怒り」のようなものがあるように思います。「モーゼの十戒」をご存じでしょうか？　これからの話の参考になると思いますので，ご紹介してみましょう。

1.　主が唯一の神であること
2.　偶像を作ってはならないこと（偶像崇拝の禁止）
3.　神の名をみだりに唱えてはならないこと
4.　安息日を守ること
5.　父母を敬うこと
6.　殺人をしてはいけないこと（汝，殺す勿れ）
7.　姦淫をしてはいけないこと
8.　盗んではいけないこと（汝，盗む勿れ）
9.　隣人について偽証[注1]してはいけないこと
10.　隣人の家や財産をむさぼってはいけないこと

　このうち1〜5はユダヤ＝キリスト教信徒たちに固有の戒律ですが，6〜10はあってはならな

いこと，言ってみれば時代や文化を超えて人類に共通する禁忌であり，ある種の普遍性をもった怒りが刻み込まれています。この禁忌が破られたら怒りを覚えるのは，ある意味では健全なことでしょう。ですから怒りというものは，どのような対象に向けられるのかによって質と量が変わり，これを踏まえてこそ本質を捉えることができるのではないでしょうか。

橋本　どれもこれも十把ひとからげに捉えてしまっては，一つひとつの怒りの底にある，より重要な本質が見えてこないということですね。

村瀬　そうですね。人には絶対に犯してはならないもの，自尊心や人としての尊厳を保つために守るべきものがあり，他方では，激するに値しない，ほんの小さな出来事があります。当然，そのときに発露される怒りも変わってきますから，怒りというものは対象によって形を変える非常に広い概念だと私は思っているのです。

橋本　モーゼの十戒の6〜10には，人間として根源的な怒りが投影されていて，人に必要なエネルギーを持たせてくれる面もあると言えるかもしれませんね。

村瀬　ええ，そう思います。まずはそれを意識することが大切で，過ちを見極める適正な判断も必要になってくるでしょうね。それは，自らの不快な感情にとらわれて悪感情を露わにするような，誰のためにもならない怒りの発現とは，少し様相が異なるのではないでしょうか。

II　戦争の時間，あるいは奥底に封じられたもの

橋本　先生がこのようなことを感じられ，考えられたきっかけのようなことが，過去にあったのでしょうか。

村瀬　世の中では正しいことを口にするのが実は礼を失すると知ったのが，小学校に入る前でした。幼い頃から身体が弱かった私は，幼稚園には通わず，家のなかで大人たちに囲まれて過ごしていました。家にあった子ども用の本はすぐに読み終えてしまって，大人たちの読む新聞や，世界文学全集，日本文学全集（当時，これらにはルビが振られていた）を，分からないところもありながら読んでいるような子どもでした。そのなかで少しずつ気づいたのは，この世は，子どもの絵本のような勧善懲悪の世界などではなく，不条理や不公平が渦巻いていて，真面目に働いても報われない人や虐げられる人々がいるという，峻厳というか残酷な事実でした。

　その頃，親に連れられてよその御宅へ伺いますと，破格の歓待を受け，皆が気遣ってくださることを，そこはかとなく感じておりました。そのとき決まって私は，私自身の持てるものがそうさせているのではない，親の存在，さらにはその社会的立場ゆえのことだと，子ども心にも悟っていました。自らの行ったことによらず大切にされ，どこか私をとても大切にしてくださるような気配さえ感じ，私はいつも戸惑い，後ろめたい思い，居心地の悪さを覚えていました。

橋本　幼い頃から物事の本質を見つめるところがあったということですね。成長されてからはいかがでしたか？

村瀬　ほどなく第二次世界大戦が始まり，家族と離れてひとり疎開して日々を過ごすなか，かつて思っていたことを再確認するようになりました。あの当時は，正しいことがそれと認められない現実があり，それとは対照的に，学校の教科書や子ども向けの本には，希望を失わせないように，現実を覆い隠すように，美しい光の部分ばかりが強調されていた……こんな情景をまざまざと見せつけられ，幼心に何か現実というものを得心していたように思います。だからといって真実を隠したり現実に媚びへつらったりするのではなく，静かに穏やかに，自分なりに考えられることを大事にしたいと思っていました。

　その後，戦況は徐々に深刻になり，倹約生活がますます強化され，疎開先では，東京に暮らす家族との連絡もままならない混乱の渦中に放り込まれていきました。その頃ふと，日本兵に侵略されて住処を失った他国の子どもたちは，私などより

恐ろしい思いをしているはずだと，考えることがありました。ですが，仮にこんなことを口外しようものなら，非国民と言われ，私だけでなく世話をしてくれている祖父母や叔母，使用人の人たちも罰せられるに違いないと考え，ただ黙って心を痛めるばかりの時を過ごしていました。

それから時を経て日本は終戦を迎え，それまでとは打って変わって民主主義とアメリカ文化の礼讃が始まり，学校では昨日まで大事にしていた教科書の文字に墨を塗ることを命じられ，名状しがたい気持ちに苛まれていました。これら外の変化に違和感を持ちながら，それにどう向き合えばよいのか，あのときの私にはわかりませんでした……ただ，本心の通りに振る舞うのは適切ではないし適応的でもない，すべからく生きるとは，矛盾と不条理のさなかにあって，ささやかでも自分が正しいと思うことを忘れずにいることだと片隅に思い，東京に暮らす家族と再会できる日を心の支えに暮らす日々でした。戦況を見聞きするなかで，日本が勝利することはないだろうと幼心に思いながら，ただ黙っているしかないことの悲しみ，真実を語れない苦しさ，そしてそのような状況に甘んじるほかなく不甲斐ない自分への〈怒り〉と不安を抱き，心が引き裂かれるような日々でもありました。あの頃の私を癒してくれたのは，音楽，美術，文学，それによく手入れされた田畑での作業（収穫のお手伝い）といったものでした。それらにふれながら，この世に残された善いもの・尊いものに，どこか開かれていたのかもしれません。

III　怒りと誠実に向き合い，責任を持つこと

橋本　先生と違って，僕なんかは怒りの対象がいろいろなところにあってすぐ怒ってしまうところがあります。そうした違いは，どこから生まれるものでしょうか？

村瀬　私の怒りは小学生の時分から変わっていなくて，突き詰めていくと，末子で甘えている，ですがそのことを自覚していながらも容易に修正できない自分自身に向けられているところがありま

す。それでいて，怒りが向けられる自分とそれを観察している自分とが不思議と共存している。つまり，そういった疑問や批判精神が少しばかりある自分と，それを徹底できない自分とがいて，どこか一貫しない部分があると，今日に到るまで考えてきました。

こんなふうに自分自身に怒りを向けるようになった，ある出来事を思い出します。あれは，そうですね，小学校4年生のとき，中里恒子の『生きる土地』[注2]という小説に出会い，まるで雷に打たれたような衝撃を受けたときのことです。生きていくことには責任があると強く私に気づかせてくれた小説でした。中里恒子の作品は，一見，気負わずにバランス感覚があり，普通の幸せな中流階級の女性を描いた小説に読めるかもしれません。ただその核心では自立を志向している——そのことに，子どもながらに衝撃を受けたのです。

私は子どもの頃，皆から大切にされて甘やかされ，少々ぼんやりとしていましたから，将来この小説の主人公のようにはなれないだろうとも思っていました。今ある姿のように育った自分にどこかで恥じ入りつつ，さりとて急に変えていく勇気も湧かないまま，この思いを誰にも打ち明けられず，一人そっと自問しているなかで，先ほども申し上げた自分自身に対する怒りが湧いてきました。この主人公の女性のようになるには，自分の疑問や怒りに誠実であること，それらがどれほど正しい理由から生じているのかという由来を理解すること，そして自分の言動への責任を自分一人で負う覚悟が要るのでしょうね。ところが言うは易し，行うは難し，これが難しいところです……

橋本　怒りに誠実であるとともに，その責任を負うということですね……もう少しそのあたりをお話しいただけませんか？

村瀬　責任ということを考えるようになった，もうひとつ別の出来事もございました。あるとき，生家に物乞いの人が訪ねてきて，たまたま応対した私は気の毒に思い，祖母からもらった白銅のお金をお役に立つならと手渡しました。その人は喜

んで門を後にしたのですが，そのあと，お手伝いさんに厳しくきちっと注意されました。「自分の働きで得ていないものを，ただ人にあげることは間違っています。あなたは善いことをしたと思っているかもしれないけれど，それは本当に責任を取れる行いでしょうか。本当の意味で責任の取れないことをするのは，人として正しいと私は思いません」と，彼女は私に言葉をかけました。彼女は続けて，「今のことの意味をおわかりですね。おわかりなら，今日のことは，お母さまにも誰にもお伝えしません」と言ってくれました。奉公先の子どもである私に対しても臆せず人の理を説いた，極めて見識のある人だと思われませんか？

橋本　しっかりされたお手伝いさんですね。

村瀬　母の教えもあって，わが家のお手伝いさんたちはみんな聡明でしたね。

　先ほどの物乞いの人は，私と同じぐらいの歳の子どもを連れていましたが，一軒一軒回っても蔑まれるばかりで，何ももらえないことのほうがずっと多かったでしょう。「あの子と私はどうしてこんなにも違うのだろう」と，私は疑問に思い，立ち止まってしまいました。それに，我が家を訪ねてくるお客様たちは，父に対しては恭しい態度を取りますし，子どもの私にも相応の敬意を払ってくださいましたから，私の疑問は深まるばかりでした。

　やがて私なりにひとつの答えにたどりつきました。お客様たちは自分を軽んじないでいてくれる，でも物乞いの子は全く異なる境遇にある，そしてこの違いは決して自分自身の価値がもたらしたものではないということ——それは私にとって実に寂しい事実でした。さらに，物乞いをする親子に，自分が使う当てもなかったお金をあげたことは，彼らのためを思ってというより，どこか納得のいかない自分の寂しさを慰撫する意味もあったのだと気づかされて，また一層憂鬱な罪意識にも似た思いに囚われました……

橋本　周りから見られている像としての自分と本当の自分が違っているということを，ずっと考え

ていらっしゃったのですね。そんななかで，空虚感あるいは孤独感みたいなものが生まれる——それは怒りとも言えるのでしょうか。

村瀬　そうですね……怒りというよりは，負い目のようなものでしょうか。私はたまたま生活に苦労することのない家に生まれましたが，世の中には親子で物乞いをする人もいる。どうしてこんなにも違っているのだろう，世の中の人々がみな平等ならいいのに……そこに言いようのない負い目を感じていました。

橋本　先生の抱えていた違和感，空虚感，孤独感みたいなものがよく伝わってくるお話です。それでもお話のなかに力強さみたいなものも感じます。これはもしかすると，先生のお母さまの影響が強いのではないでしょうか。

村瀬　母にはよく，「あなたが感じたり，考えていることは正しい。けれど，そのまま言葉にしても世の中では通らないことがある」と教えられていました。特高（特別高等警察）の人たちが往来にいる時代でしたから，滅多なことを言えば連れていかれて尋問されることもあった時代です。

橋本　特にそんな時代ですから，普通の親だったら「そんなことを言ってはいけない」と，頭から抑えつけて終わるところだと思います。

村瀬　「口をつぐみなさい」とは言われず，「所と相手を考えなさい」というのが母からの教えでした。でも，それが難しいのですよね。ひとつ間違えれば大変なことになり，誰かを怒らせてしまうことだってあるのですから。その教えのこともあって，子どもの頃から，なるべく無駄なことは言わないように控えて過ごしていたように思います。

橋本　先生の幼少期の体験に基づいた原点として，何か違うと疑問に思っていても自分のなかに抱えられる，持ちこたえられるというところがあるのですね。ここまでのお話から学ぶべきは，そうした疑問や怒りをいかに抱えるかというところだと思いました。

　ただ，こうしたことは今の社会では難しいもの

とされていて，マネジメントする対象になっていると思います。怒りをコントロールする，あるいは効果的に怒りを表現するといったことを目的とした，アンガーマネジメントというアプローチもありますよね。しかし，そうではなくて，抱えるという意味を考えていくことに重要なポイントがありそうですね。先生のお母さまは，不条理とは何かということをわかっていたような気がします。また，自分で怒りを抱えられなくなってしまったときに，他の誰かが代わりに抱えるということもあったのかもしれませんね。

IV　義しき怒り──抱えこむ果てに

橋本　冒頭，間違ったものに対してあるべき普遍的な怒りについてのお話がありました。そうした場合には，やはり怒りとして出していくことも必要でしょうか。

村瀬　ひとつ，私が怒りを持ちこたえられなかったときのことをお話ししましょう。第二次世界大戦に敗れ，日本が経済的にも混迷を極めていた頃のことです。当時通っていた地方の公立中学校の校舎は，使われなくなった病棟を利用した建物で，とにかく物資不足の時代でした。若い先生方は東京の大学を卒業されていましたが，食べ物や物資が不足している東京を離れて，それぞれの郷里で暮らせるようにと教員採用試験を受けていらしたのです。

　私の通った中学校には，若い独身の数学の男性教師がいらして，ほとんど毎朝のように，宿題を終えてこなかった──怠けているというより，問題が解けなかったようですけれど──男子生徒数人を教卓の前に立たせて，木製バットを力いっぱい上から振りかぶって叩いていました。鈍い音が響いて，きっととても痛かったでしょう，泣き出す男子生徒もいましたが，泣けば先生を余計に怒らせるので，殴られた男の子たちは口をへの字に曲げて我慢していました。私は毎日のようにその光景を見ながら，殴ってものがわかるようになったり勉強が好きになるのだったら，教育なんてい

らないじゃないかと思っていました。なにより，いくら木製とはいえ，当たりどころが悪ければ取り返しのつかないことになるかもしれないのに，先生はなぜ自分がされている行為の意味を考えられないのだろうと，私は不思議で，納得がいかず，いや心配で仕方がなかった……

　先生に「やめてください」と言っても無駄だろうし，下手をすれば自分も殴られてしまうかもしれない──ですから私は口出しする代わりに，少し早めに学校に行って，同級生の男子たちに宿題を写させてあげることを考えついたのです。ですがその先生は，「おまえたちにこの問題が解けるはずがない」と言って，どうやって問題を解いたのか問い詰めはじめました。男子生徒たちは，私のことを告げ口することはなく，私は自分から名乗り出てすべて白状したところ，「そんなことをするのはここの生徒じゃない！」と言って，私を彼らと同じように殴ったのですね……今日までの人生で，他者から殴られたのはそれが最初で最後でした……よく漫画で，殴られた人の目の前に星がチカチカ光るというのがありますよね。ああ，あれは本当なのだって……（苦笑）

橋本　先生が殴られたのですか⁉　木製バットで？

村瀬　そう！　目の前が暗くなって，星がピカピカっとして，頭のなかで電気がビリビリっときました。漫画本の絵は事実だと納得でした（苦笑）。

　結局，彼らの宿題を手伝っても解決しなかったし，他の先生に相談しても真剣に取り合ってもらえる保証もない。そこで私は，先生が「世の中は広くて深い……」としみじみ感じてくだされば事態が変わるのではないかと思い，ひとつ考えついたことを実行することにしました。暴力も大声も人を馬鹿にするような言葉も使わない方法で，相手を降参させなくては，そのためにはきっと自分にも努力が必要だろうと……中学1年生の考えですから，正しいかどうか自信はもてなかったけれど，誰にも相談せず，考えたことを一人きりで実行することにしました。

　私が考えたのは，数学の難しい問題で先生に勝負を挑むという方法でした。当時，私は「数学クラブ」に入っていて，ちょうどその先生が顧問でしたから。その日から，一番上の姉の算数のノートやその他参考書を見て，来たる日に備えて勉強を続けました。そしていよいよ学年も終わりに近づく頃，ある日の「数学クラブ」の時間に，先生に「同じ数学の問題を，私と一緒に解いてくださいませんか？」と申し出ることにしました。私も十分に準備をしてきたとはいえ，先生より早く解ける自信はなかったのですが，なんと先生より早く解くことができたのです。解き終わって先生の横顔を見ると，すーっと顔を紅潮させて……そして突然，黒板消しで問題を急いで消され，「今日の数学クラブはこれで終わりにする！」と，教室を足早に後にされました。

橋本　村瀬先生の作戦が成功したのですね！

村瀬　そうですね（笑）。

Ⅴ　本質が宿る場所
——普通のことを普通に考える

村瀬　でも，この話には後日談があって……その数学の先生は仲の良い男の先生たちに話されたようで，まるで三つ子のように仲の良い3人の先生たちから，意趣返しのようなことをされるようになりました。私はそれまで素行が悪いと指摘されることはありませんでしたが，事あるごとに難癖をつけられるようになりました。たとえば，テスト用紙の氏名欄に書くルビが枠から少しはみ出しているという理由で減点されたり（私の旧姓が礒貝で，貝という字が礒より小さめなのが誤りだと……（笑））。

橋本　それはもはや嫌がらせですね……

村瀬　挙句の果てに，「この学校にいる限り100点はないと思いなさい」とまで言われました。私は別に100点が取れなくても構わないと，誰に相談することもなく，今まで通り淡々と大人しく過ごしていました。それでも，ひとつ変わったことと言えば，どちらかというと優等生だった私にも，

問題児と呼ばれる同級生たちが非常に仲良くしてくれるようになったことでした（笑）。

　さらにその後日談になりますが，中学2年生の半ば頃，その3人の先生が我が家にお越しになりました。隣の部屋にいると，何やら母との話し声が聞こえてきて，私を県庁所在地の国立大学付属中学・高校——当時，その地方の優秀な生徒が集まる有名な学校でした——に通わせるように，下宿先を探すように勧めていらしたのです。私はその学校に行きたいとも思わないし，一人で下宿なんて考えてもみませんでしたから，どうしたものかと困っていたのですが，母からの返事はこういったものでした——「わざわざご心配くださって，ここまでいらしてくださったことは，本当にありがたく思います。仮にあの子が大学付属校に転校できたとして，勉強のできる子だと世間は思ってくださることでしょう。私はあの子が人より格段にできることを望んでいません。ただ，普通のことを普通に理解できるような，そして人様と分かち合えるような人間に育ってほしいと思っています。それにまだ行き届かないところがたくさんある子ですから，下宿先の人様の家ではなく，親元で教えなければならないこともございます。そういうことを教えるのは案外難しいものでございます」。

　先生方はそれでも喰い下がって転校を勧めていらっしゃいましたが，母は毅然として穏やかな態度で考えを変えようとはしませんでした。母は厳しすぎて時々窮屈だと思うこともありましたが，このときの先生方への答えには納得しました（笑）。

橋本　非常によいお話ですね。先生は幼少期から，周囲にある物事に対して事実や本質とは違うのではないかと疑問を持たれることが度々あり，そう思っていても言葉に出しづらいという思いもあって，ご自身のなかにずっと抱えていた。でもご両親はそのことをよくわかっていて，世の中に対する見方や考え方について，先生にとっての信念のようなものがあることを理解してくれていたよう

に思います。また，そういうふうに育てていらしたところもあったのでしょう。この対談のテーマである怒りということを考えたときにも，単に目先のことで怒るよりも，そこにある本質みたいなところをいかに見ていくか，そのためにいかに怒りを抱えるか，というところが大事だということがわかります。

村瀬　おっしゃるように，怒りというものは生きていく原動力にもなると私は考えております。怒りをもたらす不条理が，ある一定の閾を超えて世に溢れてしまったら大変なことで，そうなったらもう怒りを消すことは容易ではないでしょう。ですが，それでも，その怒りの底にある本質を見据えることはできるのではないでしょうか。これは人から教えられるものではないかもしれません。自分の言動に責任を持って考えていくこと──その先に自ずと見えてくる怒りの処し方のようなものかもしれませんね。

橋本　物事を動かしていく本質をしっかり見つめていくということですね。お母さまがおっしゃったように，「普通のことを普通に考える」というところに何か本質みたいなものが見え隠れしていると思います。逆に特別なものを求めてしまっては，普通である本質が見えてこない。そんなことを教えられた気がします。

VI　ポジティブなものへの変質
──怒りの共有，物語，詩

村瀬　ここまで幾つかの出来事も交えてお話ししてきたように，怒りというのはどうしても生まれてしまう，避けがたい人間の宿痾のようなものと言えるかもしれません。しかし，だからといって「やられたらやりかえせ」とばかりに，カウンターパンチのごとく怒りをそのまま外に表出しても事態は好転しない。怒りに駆られたときこそ，少し落ち着いて物事を考えてみる，エンパシーと敬意を持ってくれる人を見つける，そういったことが必要になりますね。怒りを以って怒りに対処する方法が，長続きすることはありませんし，何より

人間関係はますます停滞していきます。このシンプルな原理を諒解しなければ，怒りの連鎖を免れることは難しいでしょうね。そして，自ずと生まれてくる怒りというものを，自分のなかでよりポジティブなエネルギーに作り変えていくこと──それが生きていくうえでの基本となるのではないでしょうか。

橋本　ずっと歴史を見ていくと，怒りを大勢で共有して抱えることで持ちこたえるという場面があるように思います。こらえられなくなってしまった人の代わりに，誰かほかの人が抱えるということもあります。

　また，すぐに怒りを表現してしまうのではなくて，物語や詩歌など表現の形にするという方法もありますよね。そうすることで，みんなで一緒に怒りを抱えながら持ちこたえるという方法によって，人類はうまく共存の道を探ってきたのだろうと思います。

村瀬　いつでも周囲に対して気を張って敵をこしらえたり，平素からいろいろな小細工に時間と労力をかけたり，しまいには戦争を仕掛けたりするよりも，自分が義しいと思えることを，ほんの少しずつでも試みる。一人だから最初は怖い思いもするでしょうし，不安にもなるかもしれません。それに何か劇的に事態が変わるわけでもないでしょう。ですが，ちょっとしたきっかけで自分の力になってくれる人たちが周りに現れるものだと思います。義しいと信じられることであれば，それを理解してくれる人はきっといる──私が幼い頃からの体験を通じて，今に到るまで感じてきたことです。

　ここまで語る内に，ふと土居健郎先生[注3]からいただいたお電話と，その内容にまつわるお葉書の内容が思い起こされてきました。土居先生は，私を事例研究会[注4]の末席に加えていただき，ほかにもさまざまに学ぶ機会を与えてくださった方です。

橋本　それはどのような内容ですか？

村瀬　ある夜，土居先生からお電話をいただき，

執筆中の御著書に引用される文献（たしか北欧の作者で幻想的かつ示唆を多く含む小説）の著者名を尋ねられたのです。私は先生からのお電話に束の間，緊張し，その後，思い出すことができた著者名をお伝えすることで，土居先生から「貴女に聞いてよかった」と御礼を言われ，安堵しました。ほっとして受話器を置いた十数分後に再度のお電話をいただき，「先ほどはありがとう。ところで，唐突なようだが──僕は貴女の著書を全部読んだわけじゃないけど，貴女は幼くして子どもの心を失った人だね」と言われました。私は一瞬絶句し，「いいえ，私は今でも子どもっぽくて幼稚なところのある人間です」と口走ってしまいました。土居先生は「そんなことを言うのなら，僕だって子どもっぽいよ。貴女は幼くして子ども心を失った人だ」と御宣託のように再度おっしゃいます。私があらがうのは如何かと戸惑っていると，先生は「夜遅くに急にこんな電話をして失礼」と受話器を置かれたのです。さらに数日後，土居先生からお葉書が届き，文献の件の御礼と，その後の電話で唐突に言ったことのお詫びが記されていました。私は，自分が幼児の頃から真実，事実，虚実からなる世間を垣間見ていささか戸惑っているのを，先生に的確に見通されたのだと感じました。思い返せば，電話で先生のお言葉に直面したとき，それに応えて内心で肯定する小さな声が聞こえていたのです……とっさのことで，素直に応えなかった自分を省みました。

橋本　「人間の器」という言葉がありますね。ここまでのお話を伺いながら，「怒りを抱える器」というものがあるような気もしています。

村瀬　ええ，そうですね。私が徒然にご紹介してきた話を，橋本さんにおまとめいただいたような気がしています。

　総じて，労せずして自分に良いことが降ってくるという幻想は捨てることも大事でしょうね。世の中の現実は，誠意をもって努力してもままならないほうが多いことは，歴史が証明しています。ですが，だからといって賢しらげになって，努力

は無駄と斜に構えるのではなく，たとえ負け戦でも筋を通して，相応の努力をすることは，広く生命というものに課せられた義務のようなものではないでしょうか。野に生きる動物，餌のない雪の山中でさまよう動物たちも，この原理で生きています。それは人間にも等しく当てはまることではないかと私は思っているのです。

橋本　この対談の冒頭，モーゼの十戒に依拠しながらお話しくださったことに通じるご指摘ですね。この世を生きていくうえでは，喜びより苦しみのほうが多いという考え方を前提としていれば，思いがけず出会うさまざまな事態にも動揺せずに生きていけるでしょうし，怒りを覚えることなく，物事の本質を見極められるのかもしれません。そこを無理に捻じ曲げて自分に有利にしようとすると，心は乱れ，怒りに支配され，本質が見えなくなるのでしょうね。

　本日は貴重なお話の数々を伺うことができて，特集を編みながら考えていたことを振り返る機会になりました。〈怒り〉の諸側面を鋭く研ぎ澄ましていただいたような思いがしています。

［2022 年 10 月 5 日／都内にて収録］

▶文献

中里恒子（1941）生きる土地. 実業之日本社.

▶注

1──「偽証」という訳語は，「偽りの証言」だけでなく，詐欺や他者に不利益をもたらすことも意味する。

2──女性初の芥川賞受賞小説。ある令嬢はお似合いの出自のよい俊才と婚約が整い，皆に祝福されるが，婚約者の男性が急病で亡くなってしまう。令嬢は悲嘆に暮れながらも今までの自分の生き方を省み，自分自身の存在を引き受けることについて──立派な男性の妻になるほかに人間として何があるか──考え始める。

3──土居健郎（1920-2009）：精神科医。1942 年東京大学医学部卒。東京大学医学部教授，国際基督教大学教授，国立精神衛生研究所所長，聖路加国際病院顧問を歴任。著書は『「甘え」の構造』（弘文堂）ほか多数。

4──1960 年代の終わり頃，当時の我が国では数少ない

事例研究会が行われていた。主宰の土居健郎氏はじめ，中井久夫氏，吉松和哉氏，福島章氏など，当時の参加者は極めて峻厳でありつつ，各自が事例を提出し，各自の成長を促す議論が活発に展開された。会員の多くはいまや鬼籍に入られている。

告 知 ……… 第9回 こころのバリアフリー研究会総会

日時：2023年6月3日（土）〜6月4日（日）
開催方法：オンライン開催予定
テーマ：経験の言葉で語ろう——多様な経験を貢献に変えるために
基調講演：秋山剛（NTT東日本関東病院品質保証室長／公益財団法人こころのバリアフリー研究会理事長／世界精神保健連盟次期理事長）
申込方法：研究会ホームページ（http://www.jsbfm.com/）からお申込みください（備考：詳細につきましては，研究会ホームページにて随時案内を更新いたします）。

💬 ［特集］怒りとはなにか？──攻撃性と向き合う

〈攻撃依存〉の視点から「怒り」について考える

村中直人 Naoto Muranaka
一般社団法人子ども・青少年育成支援協会

「怒り」という感情にやっかいな点があるとするならば，それは攻撃行動につながりやすいところだろう。言うまでもなく過剰な攻撃は，本人と周囲の人たちの社会生活を脅かすリスクがある。そのため，怒りと過剰な攻撃行動のつながりを理解することは重要である。本稿では，攻撃行動には依存性があるのではないかという近年の報告を切り口に，「怒り」と「攻撃」のメカニズムについて考えたい。

I 規律違反を罰することの報酬性

人は何かよくないことをしている人を目の前にすると，その人に何らかの罰や苦痛を与えたくなることが多い。勧善懲悪の物語は人間の処罰欲求をうまく利用したエンターテインメントで，洋の東西を問わず古くからずっと人気がある。また，近年のインターネット上の「炎上」と呼ばれるバッシングや，マスメディアの過熱報道などを見ていると，こういった正義感に基づく攻撃的な行動の影響は決して小さくないと思い知らされる。時には人の命を奪ってしまうのだ。

規律違反に罰を与える決断をした人は（脳内報酬系回路の主要部位として知られている）背側線条体が活性化する。

2004年の米サイエンス誌に掲載された論文 "The Neural Basis of Altruistic Punishment"（利他的処罰の神経基盤）（de Quervain et al., 2004）による興味深い報告である。さらには，背側線条体の活性化が強い被験者ほど，罰のためにより大きな費用を負担することを望んでいたことも報告されている。脳内報酬系回路は人の意欲や欲求，またそれらの充足や期待による快体験の主要部位であることが知られている。ゆえにこの結果は，人は規範違反者を罰することで充足を得ており，背側線条体の賦活は違反者を罰することで期待される満足感を反映していると結論づけられている。つまり，罰を与えることへの抗いがたい欲求や，実際に罰したときに感じる充足には，生理的な神経基盤が存在していると指摘しているのだ。また，こういった処罰行動については，自分に直接被害のない，第三者的立場の場合でも多くの人（約60％）がコストを払って規律違反を罰しようとする（Fehr & Fischbacher, 2004）ことが確かめられている。反社会的な行為をした他者を罰しようとする気質が乳幼児期にはすでに出現している（Kanakogi et al., 2022）という近年の報告も

併せて考えると，処罰感情を充足させようとすることは，(当事者として第三者としても) 人にとって生来的な欲求の1つであるようだ。

こうした，規律違反への自己犠牲的な処罰行動は，利他的処罰（Altruistic Punishment）と呼ばれ，コミュニティにおける協力行動の促進や社会規範の遵守のためのメカニズムであると考えられてきた。なるほど，確かに自分が損をしてでも規律違反者を罰しようとする姿は，利他的，向社会的な心性に由来していると解釈することが妥当なようにも思える。つまり，世のため人のために行動する人ほど，規律を守るためのコストを払うという解釈である。

II　「コストのかかる罰（Costly Punishment）」と怒り

しかしながら，近年の研究ではこうした自己犠牲的な処罰行動の呼び方が「利他的処罰（Altruistic Punishment）」から「コストのかかる罰（Costly Punishment）」へと変化してきている。呼び名が変わった理由はシンプルで，自己犠牲的な処罰行動の傾向と日常生活の高度に利他的な行動（臓器提供など）に関連性がみられない（Brethel-Haurwitz et al., 2016）ことがわかってきたからだ。興味深いことに，自己報告式の利他性尺度の結果は罰行動を予測した。つまり，自分で自分のことを利他的な存在であると考えている人は，研究環境における自己犠牲的な処罰行動が多くなるが，日常生活における利他的行動が多いわけではないということになる。この結果は，自己犠牲的な処罰行動が，その人の社会規範に対する感受性によって動機づけられているという考えと整合的である。正義感が強く社会規範の遵守を重視する人ほど，規律違反を罰したくなるということになろう。ただし，こうした処罰行動が多いからといって，実際に利他的な行動をするわけではないという点は重要な報告であり，示唆的である。日常生活で実際に行動している非凡な利他性の持ち主に，対照群に比べて罰行動がより多く見

られることはなかった。つまり，利他的な特性が処罰行動を生み出しているわけではないのだ。

では，一体何が処罰行動を引き起こしているのであろうか。

ここで本稿のテーマである「怒り」が問題となる。罰は利他的特性ではなく，「怒りやすい特性」に関係するという報告（Rodrigues et al., 2018）がある。利他的特性は他者に対する慈善行動のみを予測し，怒りの特性は罰行動を予測していた。つまり利他的な人とは，他者にポジティブな影響を与える行動が多い人であって，罰を与えて人を変えようとする人ではなかったのだ。また外部からの刺激による一時的な怒り状態に関しても罰行動が促進される（Rodrigues et al., 2020）ことも確かめられている。怒りが罰行動を引き起こすのならば，それは利他的な行動などではなく，他者への攻撃行動と捉えるべき事象だろう。人は自らの考える「正義」を守るためならば，コストを払ってでも他者を攻撃してしまう存在なのかもしれない。

このことと，罰行動と利他性の自己認識に関する先の議論を併せて考えると，非常に興味深い仮説が浮かび上がってくる。他者に罰を与えようとする際，その人の自己認識では「社会規範のため」と感じているが，実際は怒りの発露で行動をしている可能性が高いという視点だ。このように本人の認識と実際の行動理由にずれが発生することで，自らの行動を正当化して攻撃行動に歯止めが効かなくなることも起こりやすくなるだろう。怒りの感情は社会規範の遵守という正当化理由を付与されることにより，処罰という仮面をかぶった攻撃行動を生みやすくするようだ。

III　攻撃依存（aggression addiction）という発想

攻撃行動を考える上で，併せて考えるべき重要な視点は攻撃行動自体の報酬性や依存性である。現在，一般的には過剰な攻撃性を「中毒性」のあるものとはみなしていないことが多い。何度も繰

り返し暴力行為をしたり，暴言を吐いたりする人のことを，「攻撃行動に依存している」と考える人は少ないだろう。しかしながら，Golden et al.（2018）は，攻撃依存マウスの再発率は，薬物依存マウスの再発率と同じぐらい高いことを指摘しつつ，人間においても攻撃性を依存の文脈で捉えることの重要性を指摘している。攻撃行動は，攻撃行動自身のもつ報酬性により過激化し，統制を失って持続することがあるというのだ。

そういった攻撃行動の依存性について，注目すべきいくつかの研究知見が存在している。例えば，薬物による依存症マウスと同様の手続きをマウスに実施することにより，「攻撃依存マウス」を一定の割合で生み出せることが報告（Golden et al., 2018）されている。依存症マウスとは，激しいオペラント強化攻撃行動，攻撃よりも別の食物報酬を選ぶ可能性の低下，再発脆弱性と進行性比率反応の高まり，罰による攻撃行動の抑制に対する抵抗性といった特徴をもつマウスである。これらの行動特徴は薬物依存マウスのそれと酷似している。少なくとも一部のマウスにとっては，攻撃行動には薬物と同じような強い依存性があるようだ。こうした攻撃行動への依存が人においても発生しうるのかについては，まだはっきりとはわかっていない。ただ，人においても，処罰行動にはその行動自体に報酬性が存在していて，規律違反を正す目的ではない悪意ある処罰（Spiteful Panishment）でも人は充足している（Yamagishi et al., 2017）という指摘がある。つまり，他者を攻撃すること自体に報酬性が存在している可能性は高い。

これらの指摘は，人間においても攻撃行動に依存性が存在する可能性を示唆している。他者を攻撃すること，人間の場合それは物理的に暴力を振るうことだけでなく，言葉により相手を萎縮させようとする場合もあるだろうが，それ自体に何らかの快や充足をもたらす性質があると考えるべきなのであろう。それゆえに，他者を攻撃することが自らの意志ではやめられなくなることが起こり

得ても不思議はないはずだ。そう考えると日常的な「叱る」や「叱責」と「虐待」「DV」は地続きであり，それらの間にある壁は薄くて低い。改めて述べるまでもないだろうが，攻撃行動にはそれ自体に本人や周囲の人への直接的な害が存在する。そのため，攻撃行動を依存の文脈から捉えて対応を考えていくことには重要な意義があるだろう。

IV　「怒り」との向き合い方

ここからは本稿のまとめとして，私なりに「怒り」との付き合い方について考察し整理する。

怒りの感情はそれ自体が不適切で不要なものというわけではない。時に社会構造を変えるような変革のエネルギーを生み出すこともあり，人類の歴史は民衆の怒りによって幾度となく大きな転換を迎えてきた。また，怒りが芸術に昇華されることによって生み出された名作も数多い。しかしながら冒頭で述べた通り，過剰な攻撃行動に結びつきやすい点で，怒りが付き合い方に特に注意が必要な感情であることに異論は少ないだろう。

ここで問題となるのは，ではどんな場合に怒りの感情は自己破滅的な攻撃行動の罠に陥りやすいのかという点である。利他的処罰を巡る議論のなかで興味深いのは，自己犠牲的な処罰行動を人は自らの利他性に求め，怒りの感情ゆえだとは感じないことが多い点にあるように思う。仮に怒りの感情を自覚していたとしても，それは正義のための義憤ということで規律を守るための文脈に取り込まれて背景化するのかもしれない。それはつまり，人は規律違反を罰する側にいる限り，怒りを怒りとは捉えにくくなると言い換えることができるのかもしれない。もしくは，怒りを怒りと認識したとしても，個人的な欲求であるとは捉えられないということなのだろうか。この傾向は特に，自らが被害者ではない第三者の立場であるときにより顕著であるように思う。自分が被害者である場合の怒りは社会的にも許容されやすい。けれども，許しがたい他者を目の当たりにしたときの怒

りは，個人的な感情の発露としてではなく，「あなたのため」「みんなのため」「社会のため」という認識にすり替わりやすいだろう。ゆえに，自分自身の欲求ではなく，社会からの要請と感じることになる。

　そうやって自らの「怒り」に正義の仮面をかぶせることで，抑制が効きにくくなり他者を攻撃することが容易になるだろう。例えば親は子どもの行動が「ありえないこと」「してはいけないこと」と感じたときに，子どもを萎縮させるような攻撃的な言動を取りやすい。その際，多くの場合で怒りが行動を媒介しているのだろうが，それは「子どものため」という認識により自覚しにくくなる。さらには，「叱るのはいいが，怒るのはダメ」という巷にあふれた通説により，怒ることをしてはいけないことだと考えている人も少なくない。その場合，自分の感情を否認したり抑圧したりしようとすることも多いはずだ。怒りを否認してしまえば，「私は自分の欲求ではなく，相手のためを思って厳しく接している」と自らを正当化しやすくなる。結果として，処罰行動としての攻撃行動が容認されやすくなるだろう。処罰行動を多くする人は，自分自身を「利他的」であると考えていることが多いという報告からも，そのことはうかがい知ることができる。

　このように整理すると，怒りの感情が過激な攻撃に向かいやすいのは，怒りを怒りと認識しにくくなる処罰行動の文脈であるのかもしれない。そしてどうやら攻撃行動には，それ自体に報酬性が存在する可能性が高い。自分の攻撃的な言動によって，相手が大人しくなったり急に態度を従順に変えた際に，ある種の高揚感と満足感を感じたことがない人は少ないだろう。生活実感としても納得できる話のはずだ。攻撃行動そのものに報酬性があるということは，条件さえ整えばその行動が長期にわたって強化，保持されやすい性質があるということになる。つまり，トリガーとしての怒りの感情がなくても，特定の個人を攻撃し続けることが起きる可能性がある。食事も摂らずに他

のマウスを攻撃し続ける「攻撃依存マウス」の姿は，私たちに強く警告を与えているようにも思える。

　今まで述べてきたような，規律遵守の文脈で攻撃行動が生まれ維持されるような行動パターンは，日常的にありふれたものであり誰にでも起こり得る。つまり我々は常に攻撃依存的な状態に陥ってしまうリスクを有している。Khantzianほか（カンツィアン＋アルバニーズ，2013）の「自己治療仮説」によると，人は自分の苦痛を和らげてくれるものに依存するという。それならば，人が何らかの苦痛を抱えているときほど，他者への攻撃に依存してしまいやすくなるのかもしれない。そういうときには怒りの感情も沸きやすくなっているだろう。その際に大切なことは，自分の怒りを怒りとして認識し，引き受けることのように思う。自らの考える正義の鉄槌を振るうことは，社会のための利他的な行動だと認識されやすいが，あくまで個人的な怒りの発露でしかない。このことを正しく認識することが，怒りとうまくつきあうために必要なことではないだろうか。

▶文献

Brethel-Haurwitz KM, Stoycos SA, Cardinale EM et al. (2016) Is costly punishment altruistic? : Exploring rejection of unfair offers in the Ultimatum Game in real-world altruists. Scientific Reports 6 ; 18974.

de Quervain DJ, Fischbacher U, Treyer V et al. (2004) The neural basis of altruistic punishment. Science 305-5688 ; 1254-1258.

Fehr E & Fischbacher U (2004) Third-party punishment and social norms. Evolution and Human Behavior 25-2 ; 63-87.

Golden SA, Heins C, Venniro M et al. (2018) Compulsive addiction-like aggressive behavior in mice. Biological Psychiatry 82-4 ; 239-248.

Golden SA, Jin M & Shaham Y (2019) Animal models of (or for) aggression reward, addiction, and relapse : Behavior and circuits. The Journal of Neuroscience : The Official Journal of the Society for Neuroscience 39-21 ; 3996-4008.

Kanakogi Y, Miyazaki M, Takahashi H et al. (2022) Hird-party punishment by preverbal infants. Nature Human

Behaviour 6-9 ; 1234-1242.

エドワード・J・カンツィアン，マーク・J・アルバニーズ［松本俊彦 訳］（2013）人はなぜ依存症になるのか——自己治療としてのアディクション．星和書店．

Rodrigues J, Liesner M, Reutter M et al.（2020）It's costly punishment, not altruistic : Low midfrontal theta and state anger predict punishment. Psychophysiology 57-8.

Rodrigues J, Nagowski N, Musselet P et al.（2018）Altruistic punishment is connected to trait anger, not trait altruism, if compensation is available. Heliyon 4-11.

Yamagishi T, Li Y, Fermin ASR et al.（2017）Behavioural differences and neural substrates of altruistic and spiteful punishment. Scientific Reports 7 ; 14654.

告知 ……第 17 回 日本統合失調症学会オンライン大会

日時：2023 年 3 月 25 日・26 日（開催方法：オンライン）

テーマ：対話の扉の先へ——足元と未来を共に照らしながら

大会長：山口創生（国立精神・神経医療研究センター精神保健研究所）

参加登録：2022 年 12 月 15 日（木）～ 2023 年 3 月 26 日（日）

Web ページ：https://jssr17.camphor.jp

Twitter：https://twitter.com/jssr17th

[特集] 怒りとはなにか？——攻撃性と向き合う

怒りの背景にあるもの

脳神経画像研究から

豊見山泰史 Hirofumi Tomiyama
九州大学大学院医学研究院精神病態医学

中尾智博 Tomohiro Nakao
九州大学大学院医学研究院精神病態医学

I　はじめに

　怒りは情動の一部であり，一般的にネガティブなものとして体験されることが多い。日々の臨床のなかでも，クライエントのなかに生じる怒りや，治療者のなかに生じる怒りは，やっかいなものであると感じている方は少なくないだろう。しかしその他の情動と同様に，怒りも我々が生存していくために必須のものである。臨床の場面で怒りをどのように取り扱うかという実践的な内容については，本特集の他稿において解説されている。本稿では，怒りにはどのような役割があるのか，どのような生物学的な基盤と関連しているのかについて，最近の脳画像研究における知見を中心に概説する。

II　怒りとは何か？

　怒りとは「情動」に分類される基本的な感情のカテゴリーである。情動とは，生体が環境（物理的環境，人的環境，社会的環境など）における特定の刺激を感知した際に生じる生理的な反応である。自律神経系および内分泌系の反応や覚醒水準の変化などの身体的な反応だけではなく，意思決定や注意といった認知機能へも影響を及ぼす

（Kandel et al., 2022）。怒りと関連したこれらの生理学的・認知的状態は，緊張感や敵意の高まりとして，不快な感覚として体験される。しかし，その他の情動と同様に，周囲の環境との相互作用の視点でみると，機能的な側面がある。怒りは，迅速な対処が必要な問題が存在することを生体に伝え，さらに言語的・身体的な表出，あるいは極端な場合には攻撃という形をとって，環境に対する働きかけを方向付けるという役割を有している。さらには，この働きかけを通じて，環境からの利益を最大化する，あるいは不当な不利益を受けることを防ぐという適応的な機能を有していると考えられている（Gilam & Hendler, 2017）。不安や恐怖を全く感じなければ，危険を迅速に回避できず，将来に対する十分な備えができなくなるのと同様に，怒りを全く感じなければ，生体にとって不当に不利益を被る可能性がある状況で，迅速な反応がとれなくなるのである。しかし現代社会においては，直接的な怒りの表出や攻撃といった行動は，かえって利益を損なう可能性が高く，目的を達成するためには怒りの表現方法を和らげる，あるいは調整する必要性があり，適切に怒りを抑制するための方略が重要になってくる。

III　怒りの構成要素
──生理学的反応と認知的な要素

　怒りの第一の構成要素は，覚醒度の高まりを中心とした生理学的な反応である。外的な脅威を感じた際の「戦うか逃げるか反応（fight-or-flight reaction）」と関連した覚醒度の高まり，心拍数や血圧，筋緊張を高める交感神経系の反応亢進が迅速に生じる。このように，怒りとは身体的なボトムアップ的興奮反応であると言える。これらの身体的な反応を一部共有する感情として「恐怖」が挙げられるが，恐怖に対する基本的な反応は回避・逃避が一般的であるのに対して，怒りは，環境（相手）に対して働きかける動機付けの方向付けをもつという違いがある（Berkowitz & Harmon-Jones, 2004）。そして，怒りを特徴付ける，環境（相手）に対する働きかけは，時に直接的な攻撃行動へ方向付けられる。

　第二の構成要素は，怒りの誘因となった出来事についての反芻と注意の偏向，という認知的な反応である。第一の構成要素である生理学的反応は短時間で収まるという特徴があるが，反芻と注意の偏向という認知的な要素が加わることにより，怒りは持続・増強されるのである。怒りを誘発された出来事を反芻しながらの攻撃行動は，怒りを軽減せず，むしろますます怒りを強めてしまう性質があることが示唆されている（Bushman, 2002）。怒りと関連した生理学的および認知的な反応に方向付けられた行動をそのまま実行してしまうと，ますます怒りを増幅させる（ある意味ではとてもよくできた）仕組みになっているのである。その一方，環境や相手への攻撃行動ではない運動行動には，反対に怒りを抑制する性質があるとされ（Pels & Kleinert, 2016），怒りが生じた後の行動の機能・方向性の違いによる正反対の作用は，怒りの制御という視点において興味深い知見である。

IV　怒りの脳基盤

1　古典的な情動理論──扁桃体の役割について

　怒りをはじめとする情動に関連した初期の研究は，動物を対象として，観察可能な生理学的指標や行動に着目して行われてきた歴史がある。言語を持たない動物においても，情動と関連していると推測される指標に着目した研究が積み重ねられ，さまざまな仮説が提唱されてきた。代表的なものとして，William James の末梢フィードバック理論に始まり，Canon と Bard の中枢起源論，Papez の回路，MacLean の辺縁系理論へと発展していった（Kandel et al., 2022）。これらの古典的理論の一部のアイデアは現代においても有用なものであり，特に扁桃体や視床下部，海馬，帯状回を中心とした辺縁系と呼ばれる，比較的原始的とされていた脳回路が情動において重要であることが明らかになった。

　その後の研究の発展・精緻化を経て，情動回路の制御に扁桃体が特に重要であることが明らかになった。扁桃体は側頭葉の背内側部に位置しており，機能的に異なる役割を有する複数の神経核から構成されている。内側・中心核は情動の表現に関連し，基底外側核は情動学習や脅威の検出に関連することが知られている（Silva et al., 2016 ; Moustafa et al., 2013）。扁桃体の機能として特に重要なのは，環境におけるさまざまな刺激の情動価（emotional charge）を評価して，その刺激がポジティブなものか，ネガティブなものか迅速に判断することに関連し，行動に影響を与える点である（Janak & Tye, 2015）。刺激の情動価を評価し危険を検出すると，扁桃体の興奮は視床下部に伝わり，下垂体や脳幹を介して内分泌系および自律神経系を制御する。扁桃体はこれらの制御機構を介して，先述した fight-or-flight reaction と関連した内分泌系変化，自律神経系の亢進反応に関わっている。つまり，視床下部や脳幹を含む辺縁系回路の鍵となる脳部位として，情動の処理に関与しているのである。さらに，生理学的な反応に

①辺縁系ネットワーク

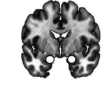

- 扁桃体
- 海馬体

【脅威の検出】
【情動価の評価】

③自己制御ネットワーク

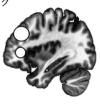

- 背外側前頭前皮質
- 下前頭回
- 腹内側前頭前皮質
- 吻側前帯状皮質

【認知的再評価】
【情動の概念化】

②セイリエンスネットワーク

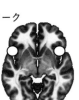

- 前部島皮質
- 背側前帯状皮質

【情動の知覚】
【顕在性検出】

④デフォルトモードネットワーク

- 背内側前頭前皮質
- 後部帯状皮質
- 楔前部

【自伝的記憶】
【内省的・自己指向的思考】

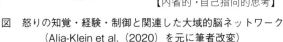

図　怒りの知覚・経験・制御と関連した大域的脳ネットワーク
（Alia-Klein et al.（2020）を元に筆者改変）

加えて，大脳皮質領域への広汎な投射を通じて，注意，知覚，記憶，意思決定などの認知機能にも影響を与えることが知られている（Kandel et al., 2022）。

2　脳の包括的な状態としての情動──近年の知見から

　ヒトを対象にした近年の脳画像研究からは，扁桃体を中心とした辺縁系領域だけではなく，主に認知機能と関連するとされていた大域的な脳ネットワークが，怒りをはじめとする情動とも深く関連していることが示されている。情動は，さまざまな脳ネットワークが関与する包括的な状態であることが徐々に明らかになってきている（Pessoa, 2017）。

　図に示すように，怒りと関連する代表的な脳ネットワークとして，①辺縁系ネットワーク，②セイリエンスネットワーク，③自己制御ネットワーク（実行機能ネットワーク），④デフォルトモードネットワークが挙げられる（それぞれの脳ネットワークにどの脳領域が含まれるのか，あるいは，そのネットワークの呼称は，学派や学問領域ごとに不一致があり完全には統一されていない。本稿では，Alia-Klein et al.（2020）の記載に準じて定義する）。①辺縁系ネットワークは，脳幹や視床－辺縁系に属する脳領域から構成され，脅威の検出に関連した脳機能を有すると考えられている。②セイリエンスネットワークは，島皮質，背側前帯状皮質から構成され，内的・外的刺激への顕在性（saliency）の処理を通じて，怒りと関連した情報の検出に関わることが想定されている。③自己制御ネットワークは，背外側前頭前皮質，腹内側前頭前皮質，吻側前帯状皮質，下前頭回を中心に，感情の認知的な処理や行動のコントロールに関わっている。④デフォルトモードネットワークは，背内側前頭前皮質や後部帯状皮質から構成されており，初期にはタスクネガティブネットワークと呼ばれていたものであるが，自伝的記憶や内省的・自己指向的な思考に関連していることが明らかになっている。辺縁系ネットワークを除く後者3つのネットワークは，さまざまな認知処理や行動の制御においても中心的に働いていることが知られている。また認知課題の実施中だけではなく，課題を実施していない安静時にも機能的な同期が存在することがわかり，その機能を明らかにすることを目的に多くの研究が行われている。

　怒りについての positron emission tomography

（PET）や functional MRI（fMRI）を用いた脳画像研究は，刺激や課題が完全に統一されているわけではないため，得られた結果もそれぞれの研究ごとに違いがみられる。刺激・課題の性質に基づき，他者の怒りの知覚に関連する脳領域を検索しようとする研究と，実際に自身が怒りを体験した際に活性化する脳領域を検索しようとする研究の2つに分類することができる（Gilam & Hendler, 2017 ; Sorella et al., 2021）。

　怒りの知覚に関連する脳領域を検索するために，例えば，怒りが表現された顔の写真が呈示された時に，被験者のどの脳領域が活動するのかを調べる研究がある。2009年に発表されたメタ解析（Fusar-Poli et al., 2009）では，嬉しそうな顔や悲しそうな顔，恐怖を感じている顔を呈示した際には扁桃体が賦活しており，なかでも恐怖を感じている顔を提示された場合に，より特異的な賦活がみられていた。その一方，怒りが表現された顔が呈示された際には扁桃体の賦活は目立たず，前帯状回，下前頭回，島皮質領域などを中心とした脳領域の活性化がみられた。この報告からは，情動に属するそれぞれの構成要素（恐怖，怒り，喜びなど）ごとの知覚に関して，関連した脳回路が存在する可能性が示唆されたが，それまでのいくつかの研究では，怒りが表現された顔の呈示においても扁桃体の活性化が示されており，怒りの知覚に扁桃体がどの程度関与するのかについて，その後も議論が続いた。2021年に Sorella et al.（2021）は，怒りと関連した表情や音声を用いた fMRI 研究を対象として実施されたメタ解析を行い，怒りの知覚にも扁桃体の活動が関連していることを示した。この結果は，表情を知覚した際に，それが，危険と関連した情動的なものなのか，あるいはニュートラルなものなのかといった，情動価の評価に扁桃体が関連することを示す，これまでの研究知見とも合致するものである。さらに同論文では，扁桃体に加え，下前頭回，紡錘状回，上側頭回の活性化も，怒りの表情の知覚に関連していることが示されている。これらの知見か

らは，怒りをはじめとした情動の知覚には，扁桃体を中心とした辺縁系ネットワークと，セイリエンスネットワークが中心的な役割を果たしていると考えられる。

　怒りの経験に関連する脳領域を検索する目的の研究のなかにも，いくつかの課題のタイプがある。1つ目の課題タイプは，台本を用いて被験者に自ら怒りを誘発してもらい（internally generated），どの脳領域が賦活されるのかを探る課題を用いたものである。このタイプの課題では，個人のなかでのイメージや自伝的な記憶と関連した怒りが賦活される。例えば，社会的な拒絶や批判を示す台本を使用して怒りや悲しみを誘発した際に，扁桃体，視床などの辺縁系ネットワークだけではなく，自伝的な記憶に関連する内側前頭前皮質や楔前部／後部帯状回といったデフォルトモードネットワークに属する脳領域が賦活されることが示された（Frewen et al., 2011）。類似の課題を用いたその他の論文では，内側前頭前皮質や下前頭皮質，背外側前頭前皮質の活性化が観察される報告も多くみられる（Gilam & Hendler, 2017 ; Alia-Klein et al., 2020）。

　別の課題タイプとして，金銭的不公平，社会的疎外感，解決が不可能な課題など，外的な刺激を用いて怒りを生じさせる（externally generated）課題を使用したものがある。externally generated の怒りであっても，internally generated のものと共通の脳部位の活性化が報告されている（Alia-Klein et al., 2020）。しかし，externally generated の怒りの方では，上述した脳領域に加えて，セイリエンスネットワークの中心的な領域である背側前帯状皮質の活性化を伴い，より広範な脳領域の活性化が示されている（Alia-Klein et al., 2020）。先述した Sorella et al.（2021）のメタ解析においても，怒りの経験には，前部島皮質，下前頭回，腹外側前頭前皮質などの部位が関連していることが示されている。特記すべき点として，下前頭回は，怒りの知覚と体験の両方において活性化が示されていることが挙げられる。以前の研

究においても，下前頭回は情動の再評価（Grecucci et al., 2013）や反芻（Gilam et al., 2017）にも関連していることが示されており，情動の概念化に関わる中心的な脳領域である可能性が示唆されている（Sorella et al., 2021）。このように，怒りの経験には，辺縁系ネットワーク，セイリエンスネットワーク，自己制御ネットワーク，デフォルトモードネットワークを中心に，広範な脳領域が関連していると考えられる。

　怒りを制御するための脳領域も，これまで説明した怒りの知覚や経験と共通するネットワークが動員されていることが明らかになっている。怒りを調整する代表的な技法である認知的再評価（Gross, 2014）は，情動の強さや持続時間を調整する目標設定，知覚された情動を再構成して再評価すること，外的な刺激の解釈を再検討すること，といった複数の要素から構成される技法である。認知的再評価の実行において，前頭領域が扁桃体の活動を調整することの重要性が多くの研究で示されている（Buhle et al., 2014）。近年のメタ解析においても，認知的再評価の実施は，背側前帯状皮質や前部島皮質，背外側前頭前皮質，頭頂領域などのセイリエンスネットワークおよび自己制御ネットワークに属する脳領域の活性化を強め，扁桃体の活動を変化させていることが示された（Pico-Perez et al., 2019）。さらに，デフォルトモードネットワークの活動性の特徴も，怒りのコントロールと関連している可能性が報告されている（Sorella et al., 2022）。デフォルトモードネットワークは潜在的な代替行動についてのモニタリングと関連していることが示唆されており，他者の信念や意図に関連した推論に関連した機能（Allegra et al., 2020；Li et al., 2014；Schilbach et al., 2008）が怒りの制御にも関連しているのかもしれない。またデフォルトモードネットワークの中心的な部位である内側前頭前皮質は，辺縁系領域や側頭領域を抑制する機能があることも示されている（Carhart-Harris & Friston, 2010）。これらの知見からは，怒りの制御には，辺縁系ネット

ワークやセイリエンスネットワーク，自己制御ネットワークに加えてデフォルトモードネットワークも関連し，認知的な側面および情動と関連した身体反応を調整し，知覚された身体感覚を軽減し，その意味付けを変えることで怒りを軽減している可能性が考えられる。

　このように，怒りの知覚・体験・制御には，辺縁系ネットワークや前頭領域のみならず，広範で大域的な脳ネットワークが関与している。本稿で説明した情動だけではなく，これらの大域的な脳ネットワークがダイナミックに協調・競合することが，ヒトのさまざまな精神活動に関与しているという仮説も提唱されている（Menon, 2011）。怒りもその他の情動や認知機能と同様に，単一あるいは少数の脳部位が中心的な役割を果たすわけではなく，広範なネットワークが関連する包括的な脳状態であると考えられる。

Ｖ　まとめ

　怒りは，対処が必要な問題が存在する状況において，迅速な行動を起こす必要性を生活体に教えてくれるシグナルとしての機能を有する情動である。その適応的な機能を達成するために，広範な脳ネットワークや身体的・生理学的な反応が関連する，多次元的で包括的な状態であることが明らかになっている。不安や恐怖といったその他の情動と同様に，怒りに接すること，あるいは怒りを感じることは不快な体験である。しかしそれを過剰に抑制・回避しようとすることは，生体としては不自然なことである。怒りのシグナルとしての機能的な側面に着目し，適切に取り扱うための技法と，その裏付けとなる生物学的研究の発展が望まれる。

▶文献

Alia-Klein N, Gan G, Gilam G et al.（2020）The feeling of anger : From brain networks to linguistic expressions. Neuroscience & Biobehavioral Reviews 108 ; 480-497.

Allegra M, Seyed-Allaei S, Schuck NW et al.（2020）Brain network dynamics during spontaneous strategy shifts and incremental task optimization. Neuroimage 217 ; 116854.

Berkowitz L & Harmon-Jones E（2004）Toward an understanding of the determinants of anger. Emotion 4 ; 107-130.

Buhle JT, Silvers JA, Wager TD et al.（2014）Cognitive reappraisal of emotion : A meta-analysis of human neuroimaging studies. Cerebral Cortex 24 ; 2981-2990.

Bushman BJ（2002）Does venting anger feed or extinguish the flame? : Catharsis, rumination, distraction, anger, and aggressive responding. Personality and Social Psychology Bulletin 28 ; 724-731.

Carhart-Harris RL & Friston KJ（2010）The default-mode, ego-functions and free-energy : A neurobiological account of Freudian ideas. Brain 133 ; 1265-1283.

Frewen PA, Dozois DJ, Neufeld RW et al.（2011）Neuroimaging social emotional processing in women : fMRI study of script-driven imagery. Social Cognitive and Affective Neuroscience 6 ; 375-392.

Fusar-Poli P, Placentino A, Carletti F et al.（2009）Functional atlas of emotional faces processing : A voxel-based meta-analysis of 105 functional magnetic resonance imaging studies. Journal of Psychiatry & Neuroscience 34 ; 418-432.

Gilam G & Hendler T（2017）Deconstructing anger in the human brain. Current Topics in Behavioral Neurosciences 30 ; 257-273.

Gilam G, Maron-Katz A, Kliper E et al.（2017）Tracing the neural carryover effects of interpersonal anger on resting-state fMRI in men and their relation to traumatic stress symptoms in a subsample of soldiers. Frontiers in Behavioral Neuroscience 11 ; 252.

Grecucci A, Giorgetta C, Bonini N et al.（2013）Reappraising social emotions : The role of inferior frontal gyrus, temporo-parietal junction and insula in interpersonal emotion regulation. Frontiers in Human Neuroscience 7 ; 523.

Gross JJ（2014）Emotion regulation : Conceptual and empirical foundations. In : JJ Gross（Ed.）Handbook of Emotion Regulation. The Guilford Press.

Janak PH & Tye KM（2015）From circuits to behaviour in the amygdala. Nature 517 ; 284-292.

Kandel ER, Koester JD, Mack SH et al.（2022）Principles of Neural Science, 6th Edition. McGraw-Hill.

Li W, Mai X & Liu C（2014）The default mode network and social understanding of others : What do brain connectivity studies tell us. Frontiers in Human Neuroscience 8.

Menon V（2011）Large-scale brain networks and psychopathology : A unifying triple network model. Trends in Cognitive Sciences 15 ; 483-506.

Moustafa AA, Gilbertson MW, Orr SP et al.（2013）A model of amygdala-hippocampal-prefrontal interaction in fear conditioning and extinction in animals. Brain and Cognition 81 ; 29-43.

Pels F & Kleinert J（2016）Does exercise reduce aggressive feelings? An experiment examining the influence of movement type and social task conditions on testiness and anger reduction. Perceptual and Motor Skills 122 ; 971-987.

Pessoa L（2017）A network model of the emotional brain. Trends in Cognitive Sciences 21 ; 357-371.

Pico-Perez M, Alemany-Navarro M, Dunsmoor JE et al.（2019）Common and distinct neural correlates of fear extinction and cognitive reappraisal : A meta-analysis of fMRI studies. Neuroscience & Biobehavioral Reviews 104 ; 102-115.

Schilbach L, Eickhoff SB, Rotarska-Jagiela A et al.（2008）Minds at rest? : Social cognition as the default mode of cognizing and its putative relationship to the "default system" of the brain. Consciousness and Cognition 17 ; 457-467.

Silva BA, Gross CT & Graff J（2016）The neural circuits of innate fear : Detection, integration, action, and memorization. Learning & Memory 23 ; 544-555.

Sorella S, Grecucci A, Piretti L et al.（2021）Do anger perception and the experience of anger share common neural mechanisms? : Coordinate-based meta-analytic evidence of similar and different mechanisms from functional neuroimaging studies. Neuroimage 230 ; 117777.

Sorella S, Vellani V, Siugzdaite R et al.（2022）Structural and functional brain networks of individual differences in trait anger and anger control : An unsupervised machine learning study. European Journal of Neuroscience 55 ; 510-527.

[特集] 怒りとはなにか？——攻撃性と向き合う

セラピストが怒りに駆られたら？

怒りへの耐性（tolerance）

小林亜希子 Akiko Kobayashi
マインドフルネス心理臨床センター

小林桜児 Oji Kobayashi
神奈川県立精神医療センター

I　はじめに（小林亜希子）

COVID-19 パンデミックの経験は，セラピスト（以下，Th）やメンタルヘルスに従事する専門家にも大きなインパクトをもたらした。そして，肉体的・精神的疲労，不安，ストレス，燃え尽き症候群の増加をもたらしていることが指摘されている（Raudenska et al., 2019）。

最新版の DSM-5（Diagnostic and Statistical Manual of Mental Disorders, 5th Edition）では，トラウマの定義に "死亡，実際のまたは脅迫された重傷，または脅迫された性的侵害を伴う出来事への暴露" が含まれ，これらは，以下のいずれかとして経験すると解説されている。"(a) 本人，または (b) 他の誰かに起こったことを目撃する，(c) 身近な人が実際に暴力的または脅迫的な死や事故死を経験したという出来事を知る，(d) **ある出来事について繰り返し苦痛な詳細に触れる経験**" である。この点において，Th や医療従事者は繰り返しトラウマについての話を聞くことで，二次受傷を負い，PTSD になる可能性がある。

PTSD の症状には 4 つのカテゴリーがある。侵入思考，想起回避，否定的な感情や思考（継続的な恐怖，**怒り**，罪悪感），覚醒・反応症状（集中，睡眠，**怒りの爆発**などの問題）という形で現れることがある。PTSD の症状のひとつである過覚醒が，怒りをもたらす可能性があるのだ。

我々の体験に照らし合わせてみよう。読者の皆さんは，Th としてセラピー・カウンセリング・診察・心理療法において「怒り」に駆られたことはあるだろうか？　PTSD の症状のような「激しい怒りに駆られたことはないだろうか？」とはじめは思った筆者であったが，よく検討してみたところ小さな怒りも含めたら思い当たるふしがたくさんあった。我々の体験に照らして，かつて「イラッとした」「怒りを感じた」「ぐっと我慢し飲み込んだ」事柄を挙げてみた。

〈時間の境界線が繰り返し破られる〉
- 無断キャンセルが続く
- 頻回な遅刻
- 時間通りに面接が終わらない

〈パーソナリティ障害やアディクションを持つクライアント（以下，CI）の難しい特性に対する怒りの感情〉
- 頻繁な面接要求
- 退行
- しがみつき，退室しぶり
- 頻繁な嘘

- 過度に理屈っぽい話
- Th を見下した態度
- 転移性の理不尽な怒りをぶつける
- ○○をやめると言うがやめない，あるいはやめていないのにやめたと嘘をつく
- どうみても不幸になりそうな相手との関係をやめない，別れない／別れたと嘘をつく

〈Cl の背後にある暴力的な加害者についての怒り〉
- 虐待や DV の加害者の話

〈Th 自身の燃え尽きの症状としての怒り〉
- 以前は共感できていたものが，燃え尽きて消耗し，怒りが生じる

〈Th の未消化なトラウマが刺激されての怒り〉
- Th 自身の未消化なトラウマが刺激されて，悲しみや怒りが通常より強く出現する

　このように大きく分けて 5 つのカテゴリーが考えられた。読者の皆さんにあてはまる項目はあっただろうか？　Th の仕事は，共感疲労を起こしやすく，ストレスも伴いやすい。特に，初学者の頃は精一杯努力して Cl の役に立ちたいのに，知識と経験が追い付かず，Cl の難しい特性に振り回されて疲弊し，時に怒りが湧くことも多いのではないだろうか。

　しかし，燃え尽きや PTSD はベテラン Th をも襲う。臨床経験は十分にあったにもかかわらず，筆者は，数年前にセラピー中に「火照り」「過呼吸」といった身体症状を体験し，「燃え尽きに伴う身体症状と怒り」「PTSD 症状：過覚醒」であったことが後に判明した。さらに，「Cl との関係の境界線の弱さ」「未解決のトラウマ」がその状況をさらに悪化させていたこともわかった（小林，2021）。

　このように，Th が怒りに駆られる背景では，Th 自身の心身の状態や，臨床経験，トラウマ体験などさまざまな要素が複雑に絡み合っている。見極める必要があるのは，怒りがどこから生じているかである。Cl の特性からなのか，Th 自身の燃え尽きや PTSD などの問題なのか，あるいは両者の関係性の問題なのか？

　本論稿では，II で，Th が怒りに駆られるパターン，III では，精神科医が怒りに駆られる時について論じ，IV では，怒りに早く気づき対処するためのマインドフルネスとセルフ・コンパッションを簡単にお伝えする。

II　Th が怒りに駆られるパターン（小林亜希子）

1　燃え尽きとセルフケア

　燃え尽きとセルフケアは，これからの支援職にとって大切なテーマだ。例えば，COVID-19 以降の最近のデータでは，医療従事者の 60％が，過去 1 年間に自分の精神的な健康状態が悪化したと報告されている。また，医師と研修医の 30％，看護師の 54％が，中程度から高いレベルの燃え尽き症候群を報告しており，燃え尽きはより身近にある問題となってきている（MINDFUL STAFF, 2021）。

　そのため，燃え尽きを予防しながら，Th 自身のコンディションを最善の状態にしておく責務があるといえる。燃え尽きにまず気づき，燃え尽きに対応するための 3 つのアドバイスがある。1 つ目は，セルフケアの行動をすることであり，2 つ目は，相手との境界線を意識すること（Neff & Germer, 2018），3 つ目は，未解決のトラウマに気づき・ケアをすることである。

1．燃え尽きを認識する

　まず，どのような症状が，燃え尽きには出現するだろうか？

- 気が散る
- 怒りっぽい
- イライラする
- ソワソワする
- 他者を避けるようになる
- 眠れない
- ストレスを感じやすい
- 嫌な考えが思わず頭に浮かぶ

　あてはまる項目はあっただろうか？　このよう

な症状が複数ある場合，燃え尽きを疑う。厚生労働省のストレスチェックリスト（簡易版）などを用いると，簡単に自分の状態がわかり，ケアの必要性を感じやすいため，参照してほしい。

ぜひ覚えておいてほしい重要な点は，「燃え尽きとは人間の弱さで起こるのではなく，人間である証だということである。他者の痛みを耐えられる限界には誰にでもあるのだ。強過ぎれば抵抗が起きて疲労する」という点である（Neff & Germer, 2020）。

2．セルフケアの行動をとる

セルフケアには，さまざまなやり方がある。運動する，おしゃべりをする，会食する，カラオケに行く，友達と出かける，ヨガ，ストレッチをする，自然の中でのんびりする，ジョギングやハイキングに出かける，好きな本を読む，お風呂にゆっくりつかるなどが挙げられるだろう。COVID-19 の流行で制約はあるが，自分なりのセルフケアのリストを作成しておくことをお勧めする。

筆者に役立ったセルフケアは，自助グループに参加することであった。ここ 15 年ほど自助グループのミーティングに参加し続けているが，「自分の感情についてはっきりと知ることができた」「感情に名前が付けられるようになった」「自分について話すことに抵抗がなくなり，悩んでいるのは自分だけではないと思えるようになった」など，感情にラベルを貼る，自分を自由に表現する，共通の人間性（セルフ・コンパッションの要素のひとつで，自分だけではないと思えること）などが自然と身につき，恩恵は計り知れない。

また，スーパービジョンや研修，カウンセリングなどを受けることで，情緒的・道具的サポートを受け，知識や経験を同業者と共有する機会もとてもよいセルフケアになるだろう。日本の Th のなかにはカウンセリングを受けることに抵抗を感じる人も少なくないようだが，カウンセリングを受けることで自分を知ることができるだけでなく，Cl への支援にも活きるのでぜひ積極的に受けてほしい。自分を知ることは最大のリソースになりうる。

3．共感疲労

共感的共鳴（他者の苦しみを自分ごとのように感じること）の能力が高い人ほど，疲労を感じやすいことも知られている（Neff & Germer, 2018）。自分をサポートする感情のリソースのないままで他者の苦しみに共鳴すると，疲れ果ててしまい，身体症状が生じたり，「怒り」「恨み」などの感情を溜め込んだりしてしまう可能性がある。特に女性は，怒りを言語化したり表現したりしてはいけないという文化的な制約もあるため，内側の「自己批判」に向かいやすく，自己批判が持続することでも精神的・身体的に好ましくない影響が起こる（Neff, 2021）。そのため，自己批判には早めに気づき（マインドフルネス），思いやり・コンパッションを向ける必要があるのだ。

2　怒りによって気づく境界線の侵食

怒りは時に大切なことを教えてくれる。そのひとつが，境界線が脅かされたことに警報をならす機能である。

● 境界線チェックリスト（水澤（2007）より抜粋・引用）

以下の質問に当てはまる項目はあるだろうか？

感情の境界
- 相手の感情にひきずられていませんか？
- 相手の感情を自分の思うように変えようとしていませんか？
- 相手の感情に無理に合わせていませんか？

身体の境界
- 疲れ切ってしまうほど仕事をしていませんか？
- 疲れたら休んでいますか？
- 自分の安心できる場所や，休める場所がありますか？
- 自分の身体の SOS に耳を傾けていますか？

責任の境界
- 他人の負うべき責任や仕事まで，引き受けて

いませんか？
- 何もかも自分でやらなくてはいけないと思っていませんか？
- 仕事を分担していますか？

時間の境界
- 時間をどう使うかを，自分で決めていますか？
- 自分だけの時間を持っていますか？
- 職場のルールを破って，援助の対象となる人との時間を作っていませんか？
- プライベートな時間を楽しんでいますか？

特に，守るのが難しい境界はあっただろうか？問題となるのは，知らないうちに相手の問題に巻き込まれたり，自分の問題を（意識的・無意識的に）見たくないがために，相手の問題にのめり込むこと（共依存的なかかわり）である。

ご自身で，このケースには巻き込まれていると思ったら，上記のチェックリストを活用してみてほしい。

3　未解決の課題やトラウマ

もうひとつの怒りのパターンは，過去の未消化の問題が顕在化する場合であろう。筆者は，小さい頃から祖母や母の愚痴を聞くことを一種のサバイバル技術として用いてきた。燃え尽きの時期には，「もう人（特に母親）の話を一方的に聞かされるのはうんざり！」という感覚があり戸惑った。目の前で相談にのっている Cl（誰かの母親でもある）の背後に，自身の祖母や母への怒りや恨みの感情，「本当は私の話を聞いてほしかったのに，あなたの話ばかり聞かされた」という思いが出てきたのではないか，と解釈している。

このように強い怒りが Cl に対して出てくる場合は，その背景に未消化な過去の対人関係の問題やトラウマが潜んでいる場合があるだろう（小林・小林，2022）。

Th 自身の過去のアタッチメントからくる傷が，同じくアタッチメントに傷のある Cl の話から賦活され，強い怒りの感情などを呼び起こす場合はよくある。「（情緒的も含む）見捨てられ不安」「あ

りのままの自分を見てくれず，勉強など成果ばかりで判断された」「過干渉で，コントロールがきつく期待を押しつけられた」「無視された」「心理的ネグレクト」など，自分のアタッチメントのトラウマや傾向に気づき，癒していく必要があるだろう。

特に援助者の方々にマインドフルネスを教えていると気づくのが，「自分のことより他人への支援をまず第一に考える」「問題は知性化で解決する」「（社会的に）ちゃんとすることがとても大事」「まじめでなければ」という傾向が強い印象があることである。セルフケアや，自分のアタッチメントにまつわる感情のケアを，ぜひ優先してあげてほしい。

UCLA の精神科教授である Daniel Siegel らは，「自分の親と確かな愛着で結ばれていなかったとしても，自身の生い立ちをじっくり見つめて理解すれば，子どもと確かな愛着を育むことはできる」と述べている（Siegel & Bryson, 2020）。愛着は，他者との人間関係の中で現れるため，自分自身の生い立ちのアタッチメントの課題を整理しておくことで，よりスムーズな情動調律などを含む Cl との関係性が結べるようになると推測できる。

III　精神科医が怒りに駆られる時（小林桜児）

仕事柄，アディクションやパーソナリティ障害，解離性障害などの患者と接することが多く，患者の怒りに接することはほとんど日常茶飯事と言ってよい。逆に援助者自身が怒りに駆られる時というのは，普段あまり自覚していないことが多い。そこでまず，患者の怒りにどう対処しているか考えてみた。援助者側として患者の怒りに相対する時，まず行っていることは，怒りの理由を確認することである。なぜなら「理由が意識されていない」怒りはあるが，「理由が存在しない」怒りなどないからだ。

誰か（私自身を含めて）他者に対して怒りを感じる，という患者と面接する時，私は「石」「犬」「就学前の子ども」を比喩として使うことが多い。石

につまずいて転んだ時，犬に吠えられて驚いた時，小さな子どもに馬鹿にされた時，私たちは相手に対してどのような怒りを表出するだろうか。そう，私たちが怒りを感じる相手とは，その人が私たちとの関係性を自覚していて，私たちを怒らせるような行為を回避する能力を持っていることが暗黙の了解となっているような他者なのである。

　私たちが怒りを感じる前段階には，相手に対する期待がある。私たちに対して最低限の尊重の念を持ってくれて，何の理由もなく私たちに対して害を加えたりしない，という善意の期待である。相手に最低限の善意を期待していたのに，それさえ裏切られる時，私たちは怒りを覚えるのだ。私たちの個人史を振り返って，この世に生まれて最初に善意を期待する他者とは誰だろうか。養育者である。怒りと愛着関係とは密接な関係がある。だから，背景に心理的ネグレクトを抱えた自己愛性パーソナリティ障害において，特に「憤怒」が重要な症状となっているのだ。自己愛の病理を抱えている人ほど常に「仮想敵」を抱えており，他者からの評価に敏感で，自分が否定あるいは無視されたと感じると，烈火のごとく怒りをあらわにし，執拗に相手を攻撃し続ける。

　精神科医が怒りに駆られる時も，文脈の違いこそあれ，怒りの精神病理学的な構造自体には違いなどない。自分に対して何らかの害を与えてくる他者に関して，精神病理を理解できればできるほど，その特定の他者に対する期待値は低下し，怒りを感じる理由はなくなっていく。だから，統合失調症や認知症の患者の暴言にはたいていの精神科医は怒りを覚えないであろうし，慣れてくれば，アディクションやパーソナリティ障害の患者にも同様の対応を取れるようになる。振り返ってみれば，私が臨床業務をしていて患者本人に対して怒りを覚えることはほとんどなく，たいていは患者の家族や他の支援者たちから理不尽な要求や主張をされた場合が多い。

　私たちが誰かに怒りを感じる時，それは，その誰かに対して自分のことを理解してもらいたい，

受容してもらいたい，尊重してもらいたい，という愛着欲求の裏返しなのである。本当にその誰かが期待してもよい人間なのか，冷静に振り返ってみることは，怒りのコントロールに役立つであろう。

IV　怒りに早く気づき対処するためのマインドフルネスとセルフ・コンパッション（小林亜希子）

　マインドフルネスやセルフ・コンパッションは，セラピストなどの援助職にどのような影響を与えるのであろうか。海外の632人の看護師を含む17の論文を対象にしたマインドフルネストレーニングの効果についてのメタアナリシス（Suleiman-Martos et al., 2020）では，マインドフルネストレーニングは，看護師の感情的負担を軽減し，その結果，バーンアウトのレベルも低下させることを明らかにしている。我が国では，筆者らの主催するマインドフルネスとセルフ・コンパッションを含むプログラムを援助職14名に6週間実施したところ，プログラム実施後，有意に燃え尽き尺度（BAT-J）の「情緒的コントロールの不調」が低下したことが示され，感情の反応性に大きく振り回されることなく仕事に向かえる可能性が高まる点について報告した（小林・菊地，2022）。

　また，別の研究によれば，セルフ・コンパッションの訓練を受けた人は共感疲労を経験する頻度が低くなり，またセルフ・コンパッションが社会貢献できることに対して幸福感や感謝を感じる「共感満足」へと結びつくことをも示唆している（Neff & Germer, 2018）。

　セルフ・コンパッションのトレーニングでは，「辛い時だからこそ，自分により優しくするように」と教えられるため，仕事が大変で疲労している際にも，セルフ・コンパッションなど自分への優しさを向けることが可能となる。

　筆者の経験では，マインドフルネスを習得してからは，セラピーにおいて怒りのタネに早めに気

づくようになった。たとえば，手や肩にぐっと力が入り，筆者自身の「自分の思うようにコントロールしたい」という「エゴ」や「不適切な期待」を感じたら，早めに気づいて手放せるようになった。自分の体調や気分がいまひとつ優れない時に，他者への共感ばかりしていると「共感疲労」を起こすため，セルフ・コンパッションを意識的に向けるように心がけることで，思いやりを十分に自分に向けることができるようになった。そして何より，自分への情動調律がよくなることで，Clへの情動調律もよくなることが治療効果を高めると考えられる。

最後に，燃え尽きずに生き生きと自分の仕事を続け，怒りに早めに気づいて，その意味を察知し，ケアするために役立った瞑想を紹介したいと思う。また，マインドフルネスの瞑想を続けていると，自分にとって本質的に大切なことが明らかとなってくるため，「本当に自分が生涯をささげたい仕事」がだんだんとクリアになってくることも追記しておきたい。

1 「ま，いっかな瞑想」（小林・小林（2022）を元に作成）

セラピーの前後や，仕事で疲れた時，イラっとした時，昼休み，通勤の電車，家のドアを開ける一歩手前で，実践してほしい気軽な瞑想である。1分程度で終わらせてもよいし，5〜15分と時間をかけて行っても構わない。

よくある自動的な反応パターン（自動操縦モード）から，いったん間を置いて，自分の状態に気づきを向け，今本当に必要なことに気づいていくための，ありのままの自分を受け入れる，思いやりを向けていくための瞑想である。イライラした時などに，以下のように自分に接してみてほしい。

ま：まず止まる。間を置く。
い：一呼吸。落ち着くまで呼吸を整える。
か：観察する。感じてみる。今の自分はどんな状態

だろうか？　体，心，思考？
な：何が必要？　何が大事？　に気づく。最後に，ありのままの自分で「ま，いっかな？」と受け入れることも忘れずに。

まず，怒りのままに行動するのではなく，そこから抜け出し，今ここに注意を戻し，一呼吸おき，自分を観察する。今，自分にとって本当は何が必要なのだろうか？　休憩だろうか？　誰かに話を聞いてもらうことだろうか？　今，大切にしたいことは何だろうか？　少し時間をとって，振り返ってみよう。その上で，効果的な行動をとってほしい。

2 「平静を保つコンパッション」（Neff & Germer（2018）を元に作成）

平静を保つコンパッションは，育児や介護，またセラピーにおいて困難な中でも自分自身の平静を保つために必要な実践である。セルフ・コンパッションの講座でも，特に援助職の方に評判がいいため，ぜひ平静のフレーズの部分だけでも，書き留めておくことをお勧めしたい。

①姿勢を整えます。数回呼吸して，自分の身体に意識をむけて，今この瞬間のここにある体に意識をむけましょう。手を胸か，お腹など，身体の安心できる場所におきましょう。
②ケアをする場面で，疲れやイライラを感じる人を思い浮かべてみましょう。その人は，あなたにとって大切な，苦しんでいる人です。今，思い浮かべた人とのことを視覚的にイメージし，その人のケアをしている状況を心の中ではっきりと思い浮かべ，身体で辛さを感じていきます。
③平静のフレーズ
　私たち一人一人，自分の人生を生きている。
　自分はこの人の苦しみの原因ではないし，
　その苦しみを取り除きたいと思っても，
　自分の力でできることでもない。
　こういう時は，耐え難いけれども，
　できると思ったら，またやってみればいい。

④身体を感じ，なだめる

　身体で感じているストレスに気づきながら，息を深く吸って，コンパッションを身体に行き渡らせます。身体のあらゆる細胞をコンパッションで満たしていきましょう。息を深く吸って，自分に必要なコンパッションを与え，自分をなだめていきます。

⑤相手と自分に一呼吸

　息を吐いて，苦手なあの人へのコンパッションを送ります。

　コンパッションの呼吸を続け，身体で自然な呼吸のリズムを見つけます。身体に呼吸を委ねていきます。

　「自分のために息ひとつ，相手のために息ひとつ」

　「自分に吸って，あなたに吐く」

　ストレスを感じているかどうか確認しながら，実践していきます。自分のためにコンパッションの息を吸って，相手のためにコンパッションの息を吐いていきます。

⑥もう一度平静のフレーズ

　私たち一人一人，自分の人生を生きている。

　自分はこの人の苦しみの原因ではないし，

　その苦しみを取り除きたいと思っても，

　自分の力でできることでもない。

　こういう時は，耐え難いけれども，

　できると思ったら，またやってみればいい。

　ゆっくりと目を開けていきましょう。

　さて，実践してみてどんなことに気づいただろうか？　何度も練習するうちに，今の自分の気持ちや思い，体調に気づきやすくなるはずだ。また，「平静を保つコンパッション」は，自分が落ち着くためのよいフレーズである。手軽にできる瞑想なので，あまり構えずに，実践してみてほしい。ガイド瞑想は，付記のリンクより聞くことができる。

　このような実践を通じて，困難なClを目の前にした時，なぜか「イラっと」する時に，早めに気づき，少し距離を取りながら観察すること（メタ認知）で，より適切な対応が取れるようになる

だろう。そして，困難さをかかえている自分にも思いやりを向け，労ってあげてほしい。そう，Thの仕事はやりがいに溢れているが，仕事を続けるには自分を鍛錬しながらも，思いやりを与え続けなければならないのだ。

Ⅴ　おわりに

　怒りは，さまざまなことを教えてくれる。怒りへの耐性を上げるためには，怒りの背景に何があるのかを恐れずに見つめること，気づくこと，そして思いやりを向けることをおすすめする。言うのは簡単だが独学で実践するのはなかなか難しい。関心がある方は，関連書籍や，マインドフルネスのプログラムなどを参照してみてほしい。

　最後にKabat-Zinnの引用で締めくくりたい。

　怒りがピークを迎えるその瞬間に，感情の高まりのさ中であなたが忘れている，より大きくより根本的な何かがそこにあるということを理解し，怒りの意味合いを意図的に広げることを実践すれば，怒りの火の中にくっついたり，投影されたりしていない，うちなる気づきに触れることができます。気づきが怒りを見つけます。気づきは怒りの深さをわかっています。そして気づきは怒りよりも大きいのです。

——Jon Kabat-Zinn

▶付記

　ガイド瞑想の音源はマインドフルネス心理臨床センターの以下のウェブサイトより入手できる（https://mindfultherapy.jp/guidedmeditation ［2022年11月1日閲覧］）。

▶文献

American Psychiatric Association (2013) Diagnostic Criteria from DSM-5. American Psychiatric Publication.（高橋三郎，大野裕 訳（2014）DSM-5 精神疾患の分類と診断の手引. 医学書院）

Kabat-Zinn J (1994) Wherever You Go, Where You Are : Mindfulness Meditation in Everyday Life. Hyperion.（田中麻里 監訳（2012）マインドフルネスを始めたいあなたへ. 星和書店）

小林亜希子（2021）二次受傷のセルフケア—援助者のためのマインドフルネス（特集 トラウマ／サバイバル）. 臨

床心理学 21-4；451-456.

小林亜希子, 菊地創（2022）マインドフルネスを用いた対人援助職へのセルフケアの可能性―計6回のマインドフルネスプログラムの効果評価分析. 日本心理臨床学会第41回大会発表論文集, p.77.

小林亜希子, 小林桜児（2022）やめられない！を手放すマインドフルネスノート. 日本評論社.

MINDFUL STAFF（2021）Mindfulness for Healthcare Professional. https://www.mindful.org/mindfulhome-mindfulness-for-healthcare-workers-during-covid/ ［2022年10月1日閲覧］

水澤都加佐（2007）仕事で燃え尽きないために―対人援助職のメンタルヘルスケア. 大月書店.

Neff K（2021）Fierce Self-Compassion : How Women Can Harness Kindness to Speak Up, Claim Their Power, and Thrive. Harper Wave.

Neff K & Germer C（2018）Self-Compassion Workbook. Guilford Press.（富田拓郎 監訳（2019）マインドフル・セルフ・コンパッション・ワークブック. 星和書店）

Neff K & Germer C（2020）Mindful Self-Compassion Teacher Guide 2020. Center for Mindful Self-Compassion.

Raudenska J, Steinerova V, Javurkova A et al.（2019）Occupational burnout syndrome and post-traumatic stress among healthcare professionals during the novel coronavirus disease 2019（COVID-19）pandemic. Best Practice & Research Clinical Anaesthesiology 34-3；553-560.

Siegel DJ & Bryson TP（2020）The Power of Showing Up : How Parental Presence Shapes Who Our Kids Become and How Their Brains Get Wired. Ballantine Books.（桐谷知未 訳（2022）生き抜く力をはぐくむ 愛着の子育て. 大和書房）

Suleiman-Martos et al.（2020）The effect of mindfulness training on burnout syndrome in nursing : A systematic review and meta-analysis. Journal of Advanced Nursing 76-5；1124-1140.

［特集］怒りとはなにか？――攻撃性と向き合う

救いを求める思春期の怒り
トラウマによる行動化からの回復

野坂祐子 Sachiko Nosaka

大阪大学大学院人間科学研究科

I　はじめに

　「はぁ!?　怒ってないし！」と声を荒げながら，職員に背を向けて座る小学校高学年の女児。児童養護施設の共有スペースで，学校から帰宅した子どもたちが遊んでいたなかで，トラブルが起きた模様。思うようにゲームができず，いつものかんしゃくを起こしたらしいと気づいた職員が「どうしたの？」と声をかけるも，女児は「別に！」と黙り込む。感情の起伏が激しい女児に対して，本人の気持ちの自覚を促すアプローチをとろうという施設の援助方針に則り，職員はおだやかに「何か怒っているみたいだね」と女児の気持ちの代弁を試みたが，かえって火に油を注ぐ結果となってしまったようだ。

　職員は内心，（怒っているじゃないの……）と思いながら，なすすべもなく女児の背を見つめる。大人の関わりを拒絶しながらも，決してその場を離れない女児の全身からは「気にかけてほしい……！」という “オーラ” が見えるようで，その気持ちに寄り添いたいと思う一方，（すぐにキレるのはわがままではないか？）という疑念もわく。ベテランの職員から「あの子は “かまってちゃん” だから」と言われると，子どもにふりまわされて

いる自分が責められたようにも感じる。自分の技量のなさに落ち込みつつ，なぜか無性に腹が立つが，「怒っていない」顔をして一日をやり過ごす。

　「助けてほしい」という SOS は，しばしば怒りの感情によって表される――それは，子どもだけでなく，大人も同様である。怒りは，不安や悲しみ，戸惑い，混乱，疑念，恐怖，孤独感，みじめさなどの苦痛な感情の「前衛」として表出される。人の安全と尊厳を守るために欠かせない感情であり，成長や回復を促す治癒的なものである。同時に，自他を傷つける破壊的なものとして，操作や支配という虐待的な関係性を生み出すこともある。

　イライラした態度，暴言や暴力，自傷行為や虐待的な関係性の再演といった行動で表される SOS は，周囲から叱られたり，疎まれたり，傷つけられたりしやすく，本人が再トラウマを受けやすい。特に，逆境的な環境で育ってきた子どもたちの SOS は，「助けて」よりも「大丈夫」という言葉で，言葉よりも行動で，涙よりも暴力で，誰かに手を伸ばすよりも関係性を断ち切ることで表されることが多い。関わりを拒む子どもへの援助は，支援者にとってむずかしいものである。

　本稿では，思春期という時期にみられる怒りの意味をおさえながら，逆境やトラウマをかかえる

子どもの行動化について考える。怒りの行動化を理解し，トラウマティックな関係性の再演から治療的な関係への道筋を探りたい。

Ⅱ　成長に伴う感情の発達と境界線の変化

　人の発達において，怒りは人生の早期からみられる感情である。新生児は，空腹や寒さ，痛みといった不快な感覚が生じたときに，泣いたりぐずったりする。感情とは，内的あるいは外的な刺激によって引き起こされた全体的な状態をいい，乳幼児は混沌とした不快さゆえに身体・行動面の反応を示す。この生得的な反応はアタッチメント行動と呼ばれ，不快さを取り除くような養育者の関わりによって，乳幼児は快の感覚を得る。こうしたやりとりを重ねることで形成されたアタッチメントが安全基地となり，乳幼児は積極的に探索行動をとるようになる。脅かされることがあれば泣き，思い通りにならなければ不満や怒りを示す。つまり，怒りは根源的に〈安全に根ざした感情〉である。

　2歳頃には何でも自分でしようとし，養育者が手を貸そうとすると怒る。かつては第一次反抗期と呼ばれていたが，実際には反抗ではない。自分でやってみたいという主体性の芽生えであることから，近年では自己主張期ともいわれる。イヤイヤ期という通称通り，とにかく「イヤ」と怒っている。乳幼児期の生理的な身体感覚にもとづく怒りから，他者との関わりに対する意思の表明へと変化しており，関係性のなかでの〈社会的感情としての怒り〉へと分化・発達していることがわかる。これは養育者と一心同体だった状態から，幼児自身の考えや感情という境界線が形成されてきたことを示すものである。「自分でやる！」と養育者の手を振り払おうとする幼児の怒りは，単に身体的な発育や行動面の成長を表しているのではなく，自分自身という心理的境界線の発達の証にほかならない。そして，養育者が幼児の怒りを受けとめ，意思と行動を賞賛することで，子どもは自信をつけていく。

　感情の発達は，安定したアタッチメントを基盤に，養育者との相互作用を通して促進される。不快な感情が安全に表出され，それが養育者に受けとめられ，やりとりのなかで「怖かったね」「びっくりしたね」「悔しかったね」などと感情が名づけられることで，混沌とした不快感情であった怒りは，より細やかに分化していく。安全のための原初的感情としての怒りから，社会的感情としての怒りへと発達することで，自他の感情の機微を感じとれるようになる。

　やがて思春期を迎えると，自我という心理的境界線の形成に伴い，養育者との物理的・心理的境界線が確立していく。養育者の関わりを鬱陶しがり，自室に入られることや自分の格好，友人関係に口を出されることを嫌がる。ホルモンバランスの変化もあり，イライラしやすく，情緒不安定になるのも，この時期の特徴である。また，これまで理想化し依存してきた養育者の実像に失望したり，社会の欺瞞や不正義に対して疑念をいだいたりする。その怒りは，未熟さや自己中心性を残しながらも，正当なものといえる。養育者への反発や反抗は，親の庇護のもとで生きてきた自分との決別であり，怒りの感情は，自分の人生を歩む自己というアイデンティティを築くために必要な力となる。

　このように，子どもの成長に伴って，怒りの意味や機能は変化する。身の危険を感じたり，過度な干渉といった境界線の侵害を感じたときに怒りを覚えるのは，人が安全に生きていくうえで欠かせない感覚であり，怒りを適切に表出するスキルは安全な関係性の構築において重要である。

Ⅲ　逆境体験による感情の発達とメンタルヘルスへの影響

　虐待やネグレクト，あるいは家庭のドメスティックバイオレンス（DV）や家族のアディクションなどによって，生活の場の安全や安定が損なわれた逆境的環境で育つことは，子どもの健康的な感情発達を阻害することが知られている。こ

れらの体験はトラウマとなりやすく，とりわけ小児期の逆境体験は，生涯にわたって心身の健康や社会性に深刻な影響をもたらす（Felitti et al., 1998）。

不快を感じた乳幼児が泣いても，ネグレクトされたり，養育者の不調などでケアされなかったり，あるいは暴力を受けたりすると，子どもはSOSとしてのアタッチメント行動をとれなくなる。子どもは自分の感覚や感情をできるだけ抑制して，感じないようになる反面，養育者の感情の変化や雰囲気に過敏になり，相手の目線や表情，ちょっとした動作，不穏な空気や場の緊張などを察するようになる。過覚醒状態のサバイバルモードでは，危険に対する恐怖や警戒から，イライラした興奮状態が続く。また，ぼーっとしていたと思ったら突然キレたり，怒るべき場面でニコニコしていたりする。こうした極端な感情状態の切り替えや不一致があると，安定した対人関係が築けず，何より本人も自分自身がわからなくなる。キレる，暴れる，攻撃するといった行動をとることも，感情を表せずにストレスをため込むことも，どちらも新たな被害を招きやすい。

怒りの感情を自他にぶつける形で外部に表すことをAnger-Out，反対に，怒りの感情を抑制し内面で思い悩むことをAnger-Inという。Win et al.（2021）は，成人を対象に，子ども時代に受けた身体的・心理的・性的虐待と身体的・情緒的ネグレクトの深刻度と精神医学的診断，怒りの表出タイプの関連を検討したところ，Anger-Out/Inのどちらも小児期トラウマの深刻度と相関があり，大うつ病，パニック障害，アルコール依存症の重篤性の間接効果も有意であった。また，不安障害において，小児期トラウマとAnger-Inに相関がみられた。怒りの表し方がどちらであれ，メンタルヘルスの悪化と関連し，感情を抑制することによる問題も生じやすい。

さらに，小児期トラウマをかかえる人は，つねに怒りっぽいわけではなく，ストレスに弱く，ストレスが高い状況で怒りが誘発されやすいという

知見もある（Seok et al., 2020）。怒りや抑うつは，小児期トラウマと直近のストレス因子の相互作用によってのみ予測されるもので，小児期トラウマがある人は，のちにストレス要因となるできごとを経験した際に，そうした経験がない人よりもうつ病になりやすかった。このことから，小児期トラウマがある人は，ネガティブなライフイベントに遭遇したときに怒りを感じやすくなるのではないかと考えられている。実際に，大学生を対象とした研究（Zhu et al., 2020）では，子ども時代の虐待と攻撃的行動を媒介するものとして，怒りの反芻と敵対的属性バイアス，つまり曖昧な状況下で他人の行動意図を自分に危害を加えるものと解釈する認知傾向があることが示された。トラウマによる認知への影響が，即時的な攻撃性を誘発したり，怒りを何度も想起する反芻によって，対人関係における葛藤を経験したあとに，時間が経過してから攻撃性に転じたりするのではないかと指摘されている。

IV　感情による行動化

怒りの感情表出にはAnger-Out/Inの2つの方向性があるわけだが，怒りは怒りのまま表現されるとは限らない。Out/Inのどちらも感情の行動化（アクティングアウト：acting out）のひとつであり，攻撃的な行動ばかりでなく，さまざまな表現で示されうる。

アクティングアウトとは，APAの定義（APA dictionary of psychology）によれば，次の2つの意味で使われる。

①感情の行動表現で，その感情に関連する緊張を和らげたり，感情を偽ったり，あるいは間接的に他者に伝えたりすること。例えば，口論，喧嘩，盗み，脅し，癇癪を起こすなど。
②精神分析理論において，無意識の情緒的葛藤，感情，または欲望（多くの場合，性的または攻撃的な願望）の表現として，これらの行動の起源や意味を意識せずに過去のできごとを再演すること。

上記の2つの説明は，明確に分類できるものではなく，どちらも本人が無自覚もしくは無意識のうちに，自分が受けとめがたい感情によって生じる反応や対処である。怒りだけでなく，恥や不安，悲しみや恐怖など，さまざまな感情が行動化によって表される。トラウマティックな関係性を別の場面でも繰り返す再演は，元々，上記②の精神分析理論から説明されてきたものだが，本人の不安や緊張を緩和するパターン化された行動と理解すれば，①にも含まれるだろう。

行動化は，表れ方によって外在化症状と内在化症状と呼ばれることもあり，ジェンダーの影響も指摘されている。一例として，児童福祉施設の入所児童75名（平均年齢13.75歳）を対象とした研究（Farley et al., 2021）では，子どものトラウマと外在化症状の関連において，男児に強い正の関係が示された。一方，トラウマと内在化症状は，ジェンダーにかかわらず有意な関連が示された。男児のほうが攻撃や違法行為などの外在化症状がみられやすいのは，生物学的性差に基づくばかりでなく，男児の暴力が許容され，観察されやすい社会のジェンダーバイアスによるところもあるだろう。むしろ，トラウマによる内在化症状をかかえる男児も女児と変わらず存在する。

前述したように，行動化は怒りの発露とは限らないが，トラウマは怒りの感情と密接に関わる。なぜなら，トラウマ自体がはらむ「予測不可能にして不公平という性質」が怒りを生み出し，それが自分自身，他者，人生，神，存在におけるすべてに影響を及ぼすからである（Najavits, 2001, 2017）。

Najavits（2001/2017）は，怒りが治療上，扱うのが難しい感情といわれる背景として，次の点を挙げている。まず，怒りがうまく処理されなかった場合，行動化というかたちでその感情があらわになる。DVや虐待といった他者への行動化もあれば，自傷や自殺企図など自分自身への行動化としても表出される。こうした危険な行動は，支援者にとっても本人にとっても，大きなストレスと

なる。2つ目に，怒りは，痛みを伴うほかの感情から自分を守る，いわば「楯」の役割を担っているが，怒りの裏にある悲しみや失望といった，自分がひどく傷つけられるような感情に気づくことはきわめて難しい。3つ目として，怒りはあらゆる形で治療中にも表出されるため，それに適切に対処できなければ，あっという間にドロップアウトしてしまう。

実際，思春期の子どもへの支援において，暴力や自傷，自殺企図といった行動化がみられると，支援者はその行動を抑え込もうとして「やめなさい」「こうしたらいい」といったパターナリスティックな関わりをしやすい。子どもの行動を制限や排除といった管理によってコントロールしようとする態度は，支援者のおそれや無力感の裏返しにほかならない。あるいは，怒りを「楯」として自分を防衛している子どもがかかえるトラウマに圧倒され，「こころの蓋を開けてはならない」といった回避的なアプローチがとられたり，反対に，準備もないまま子どもを無防備な状態にさらすような強引な関わりがなされたりすることもある。子どもの怒りを適切に扱えないことは，治療の中断だけでなく，支援者自身のドロップアウト（離職）にもつながりうる。

Ⅴ　怒りの自覚と共有，そして回復

行動化を制御しようとしても，その行動に伴う感情が変化しなければ，新たな形で表出されるだけである。行動化は，いわば氷山のようなもので，見えている部分だけ扱っても水面下の問題は変わらない。だからといって，行動化という「楯」を剝ぎとるような直面化は，子どもを脅かすだけであり，一層防衛的にさせてしまう。

行動化のメカニズムで重要なのは，感情と行動が分かちがたく結びついているという点である。「どうして自分が？」という理不尽さへの怒りが，理不尽なまでの要求として表れる。「愛されたい」という渇望が，他者を遠ざけるような行動で示される。「さみしくてたまらない」という孤独感を

埋めようともがくほど，孤立と絶望の溝に落ちていく。悪循環を生み出すつながりを一緒に探りながら，「自分に何が起きているのか」を子どもと共に理解していく関わりが求められる。

「楯」を放置するのでも，剝ぎとるのでもなく，まず，行動化を生じさせている怒りという「楯」に気づき，「楯」の機能を探っていく。周囲からさんざん非難され，本人も恥じている怒りの行動化には，「楯」として自分を守る意味があったと気づくこと，「楯」を手放すかどうかは自分で決められるものであり，自分を守る方法はほかにもあると知ることは，トラウマをかかえる子どもにとって，自分をリスペクトするきっかけになり，エンパワメントになる。

「はぁ⁉　怒ってないし！」と声を荒げる子どもに対して，気性の荒い子，攻撃的な子，素直ではない子などとラベリングすることは，行動を本人のパーソナリティに帰属させるものである。子どもを変えなければならない（あるいは，子どもは変わらない）という支援者のパターナリスティックな態度は，子どもが自分自身の状態に気づく体験を奪ってしまう。他方，「何か怒っているみたいだね」という共感的な態度は治療的な関わりであるが，自分の感情を代弁されることで「見透かされた」と不安になったり，「簡単にわかられてたまるか」と防衛的になったりする子もいる。支援者の声かけが妥当なものであるがゆえに，かえって子どもを脅かすこともある。そもそも見当違いの声かけならば，子どもが怒るのも無理はない。

子どもが怒りをよくないもの，他者に叱られるもの，自分でも扱いかねるもの（コントロールできないもの）と思っている場合，怒りに共感しようとする支援者の態度そのものが子どもにとって脅威となるかもしれない。子どもに怒りを自覚させようとするのではなく，まず，怒りに対する態度に気づけるようにするほうが安全であろう。感情にはいろいろなものがあり，それぞれに役割がある。子ども自身の感情に向き合うまえに，感情について考えたり話したりすることに慣れていく

のがよい。怒りは，安全や尊厳が損なわれそうになったときに生じる正当な感情であり，子どもの怒りはもっともだと妥当化すると，子どもは自分の怒りに対しておそれずに近づいていけるようだ。

VI　おわりに

「それ，怒っていいと思う。ひどいよ！」という仲間の声に後押しされて，自分の怒りを感じられるようになる子どもや大人の姿を幾度も目にしてきた。施設でのグループワークや社会内でのサバイバーのグループを実施するなかで，どんな心理教育も，同じような体験をした仲間の言葉や一体感にはかなわないと実感する。非行行動のある子どもは怒りを爆発させやすく，ましてグループで怒りの感情を共有しようものなら，集団で暴徒化するのではないかと心配する職員は少なくない。もちろん，怒りには破壊的な力があり，集団の力動によって混乱や暴力につながることもある。しかし，怒りは安全が損なわれたときに生じる感情であり，攻撃的な行動化はその場が安全ではないことを表している点にこそ敏感でありたい。

ここが安全な場だと感じられ，お互いの語りに耳を傾ける体験を重ねるなかで，少しずつ感情が動き出す。すぐにふてくされて，暴言を吐き散らす子どもが，おずおずと怒りを口にする姿を見ると，トラウマがどれほどの恥や無力感をもたらすものかを再認識させられる。おそるおそる口にした怒りを仲間に認めてもらえたとき，子どもはおそろしい怒りの感情から逃げるのではなく，怒りに向き合えるようになると感じている。

職員も「怒っていない」かのようにして，自分の感情をやり過ごしているのであれば，救いを求めているのは子どもだけではない。支援者にも，怒りの感情に向き合えるような安全なつながりが必要である。

▶付記
　文中の事例は，複数のエピソードを組み合わせた架空事例である。

▶文献

American Psychological Association. APA dictionary of psychology. acting-out. https://dictionary.apa.org/acting-out［2022年10月30日閲覧］

Farley TM, McWey LM & Ledermann T（2021）Trauma and violence as predictors of internalizing and externalizing symptoms of youth in residential child welfare placements. Journal of Family Violence 36；249-258.

Felitti VJ, Anda RF, Nordenberg D et al.（1998）Relationship of childhood abuse and household dysfunction to many of the leading causes of death in adults. The Adverse Childhood Experiences（ACE）Study. American Journal of Preventive Medicine 14；245-258.

Najavits LM（2001）Seeking Safety : A Treatment Manual for PTSD and Substance Abuse. Guilford press.（松本俊彦，森田展彰 監訳（2017）PTSD・物質乱用治療マニュアル—シーキングセーフティ．金剛出版）

Seok BJ, Jeon S, Lee J et al.（2020）Effects of early trauma and recent stressors on depression, anxiety, and anger. Frontiers in Psychiatry. https://doi.org/10.3389/fpsyt.2020.00744

Win E, Zainal NH & Newman MG（2021）Trait anger expression mediates childhood trauma predicting for adulthood anxiety, depressive, and alcohol use disorders. Journal of Affective Disorders 288；114-121.

Zhu W, Chen Y & Xia LX（2020）Childhood maltreatment and aggression : The mediating roles of hostile attribution bias and anger rumination. Personality and Individual Differences 162；110007.

[特集] 怒りとはなにか？——攻撃性と向き合う

親子関係における怒り

井上祐紀 Yuki Inoue

福島県立ふくしま医療センターこころの杜

I　はじめに

多くの対人関係がそうであるように，親子関係もまた怒りで彩られた繋がりであると言えるかもしれない。生まれ落ちたその日からヒトは環境からの多様な刺激にさらされ，体内からは便意や空腹感，あるいは口渇感などの不快な身体感覚が押し寄せる。不快さはやがて怒りとなるが，言葉を持たない乳児は力の限り泣くことしかできず，養育者はその対応に追われることになる。養育者の側にとってもヒトが出生する前後の期間は精神的なクライシスをきたしやすい。産後に一定以上の抑うつ症状がみられる母親は10％前後は存在するといわれるが，最近のシステマティック・レビュー（Smythe et al., 2022）では，3.18％の両親では父母ともに周産期に抑うつ状態を呈しているとされている。産後間もなく両親が抑うつ状態に至りやすい傾向があるとなれば，周産期以降の親子間における怒りの蓄積と表出がさまざまな非機能的なコミュニケーションの悪循環を形成しやすくなることは，この分野の専門家ならずとも容易に想像できるだろう。子どもたちはまさに怒りの渦の中に生まれ落ちるのだ。

本稿では臨床でしばしば観察される親子関係における怒りについて，アカデミックな立場ではなく，ひとりの臨床家としての目線から述べ，怒りを抱える親子の支援の在り方について私見を述べていきたい。親子関係における怒りについての論考はこれまでに掃いて捨てるほどあるだろうから，本稿はあくまで目の前で起こっている親子関係における怒りをどうとらえ，親子双方をどう支援するか検討するという極めて泥臭い内容になるだろう。この文章が理論というよりはプラグマティズムに根差したものであることをご了解いただいたうえで，お読みいただければ幸いである。

II　怒りを隠すこと，活かすこと

どんなに幸せな乳児でも，怒りを失うことは生命の維持が脅かされることにつながる。自らの不快な感覚によってドライブされた怒りを力の限り大きな声で表現しない限り，周囲の大人は子どもにケアが必要な状態にあることに気が付くのが遅れるかもしれない。乳児の怒りは意図的に表出されるものではないにせよ，それ自体が決定的に重要な機能を果たしていると言える。また，乳児の怒りはその表出によって，周囲の大人たちからさまざまなケアを受ける機会が得られることで，維持・強化されるだろう。あらゆる泣き声によって

も周囲の大人が全く反応しないことが慢性的に続いたとしたら，乳児の怒りの火はやがて消え（もしくは解離させて），心を凍らせたまま泣くことをやめてしまうだろう。乳児の時期に適切なケアが与えられないまま無力感ばかりを感じさせることがいかに深刻な状況であるかは，今更述べるまでもないだろう。

　乳児から幼児へと成長する過程では，周囲の大人たちが子どもたちにとって不快な状況を即座に解消してくれない状況に直面しても，怒りを隠すことがある（そのような状況で激しい怒りを表現し続けるという状況が自らの生存において不利に働く可能性を，子どもたちは成長とともに感じ取るのだろう）。その時，大人たちは子どもたちが怒りを表現しないこと自体に成長の証としての価値を感じ，「良い子にしてたね」「もうお姉ちゃん（お兄ちゃん）だね」などと称賛して怒りを表現しない状態でいることを強化するということが多いだろう。本来なら，このあたりの段階で子どもたちの怒りの生命維持装置としての妥当性を伝え，怒りの表現自体が悪いことではないということを周囲の大人が保証したい。そのためには相当の心身のゆとり，時間的・物理的ゆとりが必要だろう。乳幼児の子育て支援が子どもたちの心身の育ちに決定的に重要なのは，親と子双方において怒りへの考え方や対処を身につけるプロセスに大きな影響があるからではないだろうか。

　しかし，実際には育てる側である大人自身がそのように育てられているとは限らないという過酷な現実がある。大人たちが子どもたちの怒りを受け止めていく過程を安全に進めると同時に，大人（親）自身の怒りの妥当性・必要性を受け止めてもらえる支援的な関わりこそ必要になる。怒りという感情への価値が低い（と思われる）この国における子育てが非常に苦難に満ちているのは，子育て中の大人たちの怒りをかなり妥当なものとして考えてくれる支援者が絶対的に足りないことに由来しているところはないだろうか。産後ケアにおいてもどうしても専門職による「指導」ばかり

が重きを置かれ，怒れる養育者の苦労が労われ，ただただ支援してもらえるという仕組みが，この国においては十分とは言えないのが現状である。このような状況下では，子育ての初期において養育者も怒りを隠しやすい，隠すしかないということになるのは想像に難くない。親子ともに怒りをだれにも受け止めてもらえず，お互いに怒りを禁止し合うような関係性では，安心感などというものは培うことができないだろう。子どものアタッチメントについてアカデミックに語る資格は筆者にはないが，アタッチメントの発達においては，怒りの妥当性や必要性を親に認めてもらえていることが大きな意味を持つのだろうと推測している。

　子どもたちが成熟していく過程で怒りと適度に付き合いながら生きていけるようになることは，安全なコミュニケーションを可能にするうえで決定的に重要である。だが，実際に子どもたちが怒りを隠し続け，ついには心から切り離してしまっているような現象を臨床場面で多く見るたびに，子どもの発達における怒りの取り扱い方はまだまだ怒りを"制御"することばかりに重きが置かれているのだろうと想像している。子どもたちが怒りをこらえること，表現しないことを目指す代わりに，大人たちが「おこっちゃうよね」「おこってくれて大丈夫，よくわかったよ」と怒りの大切さ・心理的道具としての有用性をしっかり認めた上で，「おこってくれてありがとう」「いやな気持はだんだん楽になるからね」と怒りへの労いや感謝まで伝えることができたら，怒りの場面はやがて安心感のケアにつながっていくだろう。そして，子どもたちは本当に必要な時のために自らの怒りを大切にしまっておくことができるようになるのだろうと想像している。

III　安全さと怒り

　いささか語弊があるかもしれないが，筆者が担当している子どもたちが筆者に向かって怒りを表現している姿を見るたびに，筆者は希望を感じる。

怒れる子どもは，怒りをぶつけている私という大人が決してその怒りを踏み潰すことはないと知っているのかもしれない。コミュニケーションの相手に対する最低限度以上の安心感があって初めて怒りは表出される。臨床家としての私が子どもたちから頻繁に怒りや不平不満をぶつけられ，筆者がそうした子どもたちの態度をすぐには叱りそうにないのを第三者がみて「これでは大人が子どもたちにナメられてしまう。井上は怒らなさすぎではないか？」などというコメントを頂戴することもかつてはあった（ナメられない大人を目指すよりも，ナメられても動揺しない大人を目指すことのほうが大切だと思っていたので，こうしたご指摘に対して筆者はニヤニヤしながらやり過ごしたものだったが）。子どもにナメられない大人であることを目指すことにばかり熱心になっても，子どもは怒りを隠し，切り離すばかりで，子どもたちは自分たちの怒りに価値を見出せないだろう。筆者は最終的には子どもたちが自分たちの怒りを生命維持のための道具として"使いこなせる"ようになってほしいと願っているのだが，子どもたちがそのようなスキルをほんとうに身につけるためのプロセスは，子どもたちが大人との安全な関係性のなかに怒りを投げ出し，その怒りの大切さを教えてもらう以外にスタートを切る方法がないと考えている。

　残念なことに，大人たちがその安全さを保障できるだけの心身のゆとりを失っていることは少なくない。現代を生きる大人たち自身が目の前の生活（仕事・家事・子育て以外の対人関係等）において安全性を感じることを保障されておらず，先行きの不透明な社会に生きている。コロナ禍において子どもたちの精神的疲労度はますます悪化しているが，そうした怒れる子どもたちがほんの少しの期間休むことすら保障され得ないのは，教員や親たちの休みのとりにくさをそのまま反映しているだろう。「大人たちも必死に仕事をしているのだから，子どもたちもこの調子で進み続けろ」というメッセージを浴びているわけだ。貧困・経済的格差・働き方の問題などの社会的課題が解決に向かって初めて，大人たちは子どもたちのための安全さを提供できるゆとりを手にする。親子関係における怒りの問題をほんとうに解決していくためには，こうした社会的課題を同時に解決できる動きが必要だし，親子間の関係性の問題，メンタルヘルスの問題は社会的危機になればなるほど増悪してしまう。こころの医療現場にいる一人のしがない臨床家としてはまるで野戦病院で活動しているような気持ちだし，子どもたちが怒りを差し出せる安全さを大人たちが提供できるようになるために，子育て世代の親たちこそ経済的・物理的・心理的に守られるべきだと常々考えている。

IV　怒りについて話し合う

　幼児から学童期にむけて発達すると，親子間に生じた怒りについて話題にできる場面が増えるだろう。しかし実際には怒りについて話し合うというよりは，子どもの起こした"問題行動"がいかに不適切だったかを，大人たちが怒りを込めてお説教する場面が増えてしまいがちである。この場合，怒りを表現しているのは大人たちであって子どもではない。なにせ子どもたちは怒りを表現することが禁止されたまま叱責を受けることが多いからだ。これでは子どもと大人の間のやり取りは安全なものではなくなってしまう。

　怒りをはじめとしたさまざまな感情を言語を介して表現することが歓迎されない環境においては，子どもたちの怒りは潜伏してしまい，自傷，学業に対する拒否，さまざまな触法行為などさまざまな行動の問題を起こしやすくなるのは臨床的にあまりにも頻繁に観察される。怒りを言語的に表現できないまま破壊的な行動がエスカレートすれば，大人たちはますますその"問題行動"への批判と指導を繰り返すことになるため，この状態を放置すると「指導するほど"問題行動"が増える」という，ほぼ終わりが見えない悪循環をきたしてしまう。この悪循環を突破するきっかけは向精神薬でも行動制限でもなく，"問題行動"の背

景にある子どもたちの懸念を引き出す面接技法であると考えている。

　筆者が学童期以降の子どもたちの"問題行動"に向き合う際に用いている面接技法はGreeneの提唱する問題解決コラボレーション（Collaborative & Proactive Solution：以下CPS）である（グリーン，2013）。CPSでは子どもたちが問題行動を起こした場合にその行動に対する大人の懸念を頭ごなしに伝えるのではなく，その問題行動の背景にある子どもの懸念を引き出すことから面接を始める。その"問題行動"がいかに不適切だったかを大人たちが怒りを込めて子どもにぶつけるのではなく，子ども自身も言語化をためらうような懸念をじっくりと引き出す面接を行うことによって，"問題行動"を引き起こした当事者である子どもたちに思考スキルを存分に動員するよう促していく。問題解決の糸口を子どもからの発信に重きを置きながら探っていくこの面接技法は，破壊的な行動を呈しやすい，いわゆる反抗挑戦症と分類されるような行動特性を有する子どもたちとの面接に向いていると考えられている。

　CPSでは面接に，①共感ステップ，②問題定義ステップ，③提案ステップの3つのステップを設けている。この3つのステップは子どもの"問題行動"を矯正すること自体を目的とせず，生じている問題を解決し，子どもと大人の双方にとって受け入れやすい結果を得ることを目指している。このため子どものリードを奪わないで対話が進められるように，①共感ステップで子どもの懸念を引き出し，②問題定義ステップで大人の懸念を伝えて現在生じている問題をまとめる。さらには，③提案ステップで問題解決のための方略を子どもから先に提案するよう促し，子どもと大人が協力的に問題解決について対話できるような構造になっている。

　さまざまな子どもの"問題行動"によって大人自身が面接以前に「なんてことをしてくれた！」という怒りを抱えている場合が多いが，CPSでは怒りに震えた大人が勢いに任せて子どもたちに

特定の解決法を押し付けることがないように，まずは子どもに先に懸念を語らせるという点が大きな特徴である（①共感ステップ）。もちろん大人の怒りの根本にある懸念を表出することを禁じるどころか，大人から見た懸念を子どもに伝える時間が用意されている（②問題定義ステップ）。大人の怒りも何らかの懸念・事情を背景にして立ち上っているが，おおもとにある懸念を話題にするよりも怒りが先走ってしまうことは道具としての怒りを上手に用いることにはならない。そのため，大人が怒りに震えていたとしても，大人自身が何を恐れているのか，何に困難さを感じているのかをアサーティブに伝えるためのステップとして，②問題定義ステップが機能することになる。ここまでで何が起きているのかを子どもと大人の双方からの視点で明らかにできたら，③提案ステップにおいては「これを解決するためになにか良いアイデアはないかな？」という言葉を皮切りにして，問題解決に向けた方略をまず子どもから提示できるように促していく。解決法は大人が想定したものとは異なる場合も多いが，それが現実的に実行可能であり子どもと大人の双方にとって満足できるものでさえあればよいという考え方に裏打ちされている。

　CPSは，子どもの"問題行動"を契機に生じている子どもと大人の双方の怒りを，うまい具合にアサーティブな意見表明に変換できる仕組みを持っているところに大きな特徴がある。教師と生徒，親と子などさまざまな立ち位置にいる子どもと大人の間の面接に応用可能である。双方はじめのうちは怒りに震えていたとしても，まずは子どもに話す機会を与え，次に大人の番（②問題定義ステップ）が来るまでは大人の怒りに関連した懸念を伝えることを先延ばしにして，大人の怒りを道具として適切に用いることができるような仕組みになっているようにも見える。CPSは怒りのコントロールを目的とした技法ではないが，結果として子どもと大人双方の怒りが生々しい状態のままぶつかり合うことのない面接になりやすいと

いう特徴がある。CPS が感情や行動の修正を目的とするのでなく，問題解決のために探索的な協働作業を行うことで生々しい怒りの表出を先延ばしにし，子どもと大人双方が問題解決に向けた対話を開始できることによって，双方が抱えていた怒りが道具としての役割を終えていくようにも見受けられる。このように，怒りの感情を抱きやすい反抗挑戦症などの破壊的行動障害をもつとされる子どもたちとの面接においては，最もパワフルな技法のひとつであると考えている。

V　親子間の問題解決後も大人の側に なお残る怒りについて

子どもと大人の間で起きていた諸問題がひとまずの解決を迎えた後も，大人の側に怒りが残っていることがある。目の前の現実的な生活のなかからは大きな問題がなくなったように見えても，子どものちょっとしたふるまいに腹を立てやすく，どことなく肩の力が抜けないような強い緊張感だけが取れないといった具合である。大人自身の成育歴のなかでさまざまな逆境的な体験をしている場合に，そのような出来事を想起させるような刺激に対してさまざまな生理的反応が出現しうることは容易に理解できる。一方，大人自身が感じた怒りの存在を嫌って隠してしまうことも起きうるし，極端な場合そうした怒りを担う心のパーツが解離してしまうこともある。

大人の側に残っている怒りは自身の子どもを育ててきた期間以上に歴史が長い割に，その存在はあまり周囲の人々に気づかれず，ケアを受けることは少なかった可能性がある。筆者はこの状態にある大人の方々には「実は，自分こそケアを受け守られるべき存在だったのだ」と感じることができるよう促し，子どもには「親の怒りのケアは自分の役割ではない」と感じることができるよう繰り返し説明していくだろう。子ども自身が抱えて

いた問題が小さくなり始めた途端，親をケアすることばかりが生活の中心にならぬよう，このような状況にある親子に出会う臨床家は親と子それぞれのニードに目を配り続けながらも，子どもたちが自分らしいやり方で自立していけるように支援することが求められる。

親と子の両方がケアを受けるべき状況にある場合，子どもの支援者・臨床家が親にどう向き合うのが良いのかはこの分野における永遠の課題かもしれないが，子どもの支援者・臨床家が親のニードを発見できるゲートキーパーとしての役割を担うことは必要であろうと筆者は考えている。親自身の抱える問題について子どもを担当する支援者・臨床家とは別の人間が担当することになるにしても，親の発するこころの SOS をいち早く感じ取れるセンサーとしての機能を磨いておく必要がある。

VI　おわりに

親子関係における怒りのみならず，この世界では怒りそのものの存在があまり良いものとしては評価されにくいところがある。その結果，親子関係においてはあまりストレートではない形に変えられた怒りが保存されやすい。親と子の安全な未来のために，親子を包括的に支援できる人材や仕組みがもっと充実してほしいと切に願うばかりである。

▶文献

ロス・W・グリーン［井上祐紀，竹村文 訳］（2013）教員と親のための子どもの問題行動を解決する3ステップ．日本評論社．

Smythe KL, Petersen I & Schartau P (2022) Prevalence of perinatal depression and anxiety in both parents : A systematic review and meta-analysis. JAMA Network Open 5-6 ; e2218969. doi:10.1001/jamanetworkopen.2022.18969.

[特集] 怒りとはなにか？——攻撃性と向き合う

怒りをのみこむ〈沼〉を問う

セラピストのマイクロアグレッションとアイデンティティ管理

西井 開 Kai Nishii

千葉大学社会科学研究院

Ⅰ　支援者臭はしていませんか？

一部の支援者への揶揄として，「支援（者）臭」という言葉が，ひきこもり・不登校の当事者活動の現場で脈々と使われ続けている[注1]。石川良子によると，①自分の常識や価値観で物事を判断する，②ひきこもりとはこういうものだという思い込みが強い，③助けていることに夢中になり，目の前にいる相手と向き合えていない，④反省的な視線が弱く，それゆえ当事者たちに煙たがられていることにも気づいていない，といった傾向を持つ支援者に対して使用されているという（石川，2021, pp.26-27）。当事者活動に関わる友人から聞くところによると，例えばそれは以下のような支援のあり方に現れる。

- 相手が当事者であると判断するやいなやそれまで礼儀正しく話していたのに急に上から目線で関わり始める。
- 子どもに話しかけるように話す。
- 「働けない」と相談すると「じゃあ働く先を探そうか」と一足飛びに提案する。

こうした相手の状況やニーズを無視してなされる不必要な配慮やパターナリスティックな支援は，支援者の持つ「常識」によって駆動される。例えば非当事者の支援者が持ちうる「人は社交的であるべきだ」「就労にこそ価値がある」といった信念は，長い時間をかけて多くの人によって正統化されてきた歴史があり，制度やメディアでも普遍的に共有されている。それゆえ，支援者は「常識」であることを盾にして，自身の信念を容易に押し通すことができ，多少の抵抗感を示されたとしても自分を省みる必要を感じなくて済む。逆に当事者は「常識」と照らし合わせたときに自身の認識や状況が逸脱しているのではないかと不安に思い，時に気に病み，自己否定に走ることさえある。つまり，支援者と被支援者の間には，認識の正統性の点において，非対称性があると言える。

また，支援者が抱く素朴な信念は，無色透明なものではなく，能力主義や業績主義がひっそりと忍び込んでいることを見逃してはならない。十分な能力を持っていないと見なされた被支援者は同化を迫られ，マイルドなサンクション（制裁）として，上から目線の「支援」がなされていく構造がある。結果的に被支援者はきつい「臭い」を避けるように，支援の現場から離れていく。一部の人々を周縁化する社会構造が，支援−被支援というミクロな関係性の中で再現されるのである。

以上の例が示すように，「常識」とされる価値観はマジョリティとされる集団を基準に設定されており，それゆえ，その価値観にのりきれない周縁化された人々は，「異常」と見なされる可能性が高い。その分，多くの困難を抱え，ネガティブな感情にさらされ，精神的な不調をきたしうることが多くの研究で示されている。それどころか，被支援者の問題解決やメンタルヘルスに寄与するはずの支援者が，周縁化された集団に属する個人にとって不愉快で抑圧的なストレッサーになってしまう危険性が存在するのである。

本論では，こうした支援の現場における社会的抑圧について検討していく。それは，日本国籍を持ち，シスジェンダー男性であり，臨床心理士と公認心理師の資格をもって賃労働を行う筆者にとって，重要なテーマでもある。

II　セラピストのマイクロアグレッション

支援者の社会的抑圧の問題を考える上で，セラピー場面におけるマイクロアグレッションの研究が参考になる。マイクロアグレッションは，「ありふれた日常の中にある，ちょっとした言葉や行動や状況であり，意図の有無にかかわらず，特定の人や集団を標的とし，人種，ジェンダー，性的指向，宗教を軽視したり侮辱したりするような，敵意ある否定的な表現」と定義され（Sue, 2010/2020, p.34），明確に意図して行われるヘイトと異なり，加害者側が相手を貶めたことに気付いていないケースも射程に入れているところにその特徴がある。

マイクロアグレッションは，①被害者を傷つけることを意図したマイクロアサルト（同性愛男性に「ホモ」と言うなど），②人種，性別，性的指向，その他の社会的アイデンティティに基づく無神経さや軽蔑を伝える無意識の発言であるマイクロインサルト（知的能力を出自に還元する，二級市民扱いするなど），③同じく無意識のレベルで起き，マイノリティ集団の経験を排除したり否定したりするマイクロインバリテーション（よそもの扱い

をする，人種・ジェンダー・性的指向を考慮しないなど），という3つに分類される。これらの侮辱的な関わりを日常的に経験することで，その被害者は，不安や抑うつ，睡眠障害，自信の欠如，無価値感，無力感，意欲の喪失，精神的疲労，社会への疑念，そして怒りなどの症状や傾向に至ることが示されている。

そして，マイクロアグレッションはセラピストによってなされることもある[注2]。セラピーにおける相互作用は，社会関係の「縮図」のようなものであり，またセラピストは脈々と伝わる偏見を受け継いでいる場合が少なくないからだ（ibid., p.411）。セラピストによるマイクロアグレッションについて，Sue はいくつかの例を示している（ibid., pp.435-439）。

- 女子学生が数学で高い点数をとったことにスクールカウンセラーが驚いた反応を示す（女性は数学が苦手であるというメッセージを持つ）。
- 有色人種のクライエントが同僚からのけものにされたりあしらわれたりしているように感じると話すと，「あなたは被害的な考え方をしすぎている」と言う（人種差別の矮小化）。
- 女性クライエントに，彼氏とどれくらい前に知りあったのかと尋ねる（異性愛規範の押しつけ）。
- 有色人種のクライエントが人種的な事柄について白人の女性セラピストに話したとき，セラピストが「私も女性として同じような差別に直面している」と応える（人種的抑圧のことが話されているのに相対化してしまう）。
- 黒人の学生に「努力すれば，他の人々と同じようにあなたも成功できるよ」と言う（人種差別の影響の矮小化）。

注1）長年「支援（者）臭」の問題を提起されている支援者の方に尋ねたところ，神奈川県にあるフリースペースで 1990 年代後半には使われていたと教えていただいた。現在では，震災支援や女性支援の現場でも使われている。
注2）セラピストとの相互作用だけではなく，スタッフに人種的マイノリティがいない，性別二元論的な問診票が使われている，といったカウンセリング機関のシステムや制度におけるマイクロアグレッションも考慮する必要があるだろう。

- 自身の両性愛について話しているときに，セラピストが「アイデンティティの危機」について絶えずほのめかしてくる（性的指向への無理解）。

また，トランスジェンダーやノンバイナリーの当事者に対するマイクロアグレッションに関しては，以下のような事例が存在する（Morris et al., 2020）。

- （トランス女性なのに）繰り返し「男性」とミスジェンダリングされる。
- （トランス女性が）骨格や声の低さを気にすることを理解しようとしない。
- 間違った代名詞（she/he）を使われる。
- 性自認と性的指向を混同している。

III　〈沼〉という機能

日常生活だけではなく，セラピーの場面でもマイクロアグレッションを受けた結果，クライエントは不信感や不安感を強め，ストレスを避けるために，次第にセラピーに通わなくなることが示されている。ところが，時にセラピストによるマイクロアグレッションに対して，クライエントから申し立てが行われることがある。支援−被支援という上下関係がある中でなんとか声を絞り出し，セラピーの問題性や，セラピストの無自覚な偏見への指摘がなされるのである。時にそれは怒りとともに表出される。ところが，その声はなかなかセラピストには届かない。

2つ以上の人種的ルーツを持つ多人種のクライエントが経験するマイクロアグレッションの研究を行った Foster（2014）は，セラピストが人種に関連する話題を回避したり矮小化したりするカラー・ブラインドネスに陥るケースが多いことを指摘している。

- セラピストが人種の話題になると，突然体の姿勢を変え，顔を赤くした。
- 自分の人種について話すと「クールだね」と笑っ

た。
- 突然話題を変え，人種に関する開示を無視した。
- 「それは大変そうですね」だけで済ました。
- 自分の人種ゆえに職場が安全ではない，とセラピストに言うと，「安全だと感じなかったのはいつ？」と，まるで自分の感じ方に問題があるように返された。

関連して，クライエントがセラピストに申し立てを行った際の事例も紹介されている。

- （有色人種のクライエントが）カウンセリング施設の前にいる警備員から嫌がらせを受け，そのことをセラピストに相談すると，「彼はあなたを困らせたりしない，彼はいい人だから」と受け流された。
- （黒人のクライエントが）盗みをするのではないかとセラピストに疑われ，そのことを指摘すると，「考えすぎだよ，落ち着きなさい。そんなことはしていない」と言われた。

こうした，差別性や偏見を指摘された相手が，そのことを認めないという行為は，マイクロインバリテーションのひとつの形態として示されている。今ここで起こった差別を無化し，クライエントの体験を否定している点で抑圧的にはたらくのだ。つまり，マイクロアグレッションを行ったと指摘されたことを無視するという形で，セラピストはマイクロアグレッションを塗り重ねてしまう。それどころか，セラピストは相手からの指摘を，「あなたはそう思うんですね」と相手の感じ方の問題として回収してしまえる。そもそも心理臨床の領域には，クライエントの怒りを申し立てとしてではなく，「抵抗」「転移」「他責傾向」など，個人的な反応としてスライドさせる言説が備わっている。性暴力被害を訴える女性に対して専門家が「ヒステリー」と診断し，沈黙させた歴史があるように，心理化・病理化は，相手の怒りを無化するだけでなく，クライエントに対する非難的なステレオタイプも同時に強化する。

声が，届かない。それどころか，心理的な問題

と見なされてより周縁化され，その一方でセラピストは平然とし続ける。こうした，クライエントの怒りをのみこみ，なかったことにする，まるで〈沼〉のような機能がセラピーの営みには潜んでいる。それは「支援（者）臭」をめぐる現象でも同じことが言えるだろう。支援方針に対して指摘をすると，何の反応も返ってこず，支援者たちが黙り込んでいるだけだったというエピソードを，ひきこもり経験のある当事者から聞いたことがある。そこではコミュニケーションを行う対等な個人同士の関係性は完全に失われている。

IV　なぜ応答できないのか？

では，なぜセラピストは申し立てに対して，内省し，応答することができないのか。まず，非当事者のセラピストは，そもそも女性や人種的マイノリティ，性的マイノリティの置かれている状況に関する知識が圧倒的に不足しているということが前提としてある。差別の問題の重大性を見ないで済む環境で生きてきており，当事者の実情がわからず，その苦悩に共感することも，その背景に思い至ることもなかなかできない。それゆえ自身の言動が，相手にとって無配慮なものだと指摘されても，すぐに咀嚼することができないという問題が考えられる。

次に，マジョリティの恐怖の問題がある。私たちは基本的に自分は善良で，差別をしないものだと考えている。それゆえ，マイクロアグレッションをしていると指摘されたとき，善良な自己像が崩れることに恐怖する。そしてその恐怖から逃れるために，当事者の懸念を矮小化し，その怒りをまともに取り合わず，沈黙させるのである（Sue 2010/2020）。

最後に，セラピーに特有の問題として，専門家としてのアイデンティティ管理の問題がある。セラピストは，クライエントの課題や苦悩を理解し，問題解決の手助けをすることが求められ，また専門教育の中で，理解するための枠組みを教えられてきた。その結果，セラピスト－クライエント間には，理解する／される，まなざしを向ける／向けられるという関係性が構築される場合が多い。ところが，自身のセラピーの問題を指摘されるということは，この関係性が転覆し，専門家としてのアイデンティティを喪失する危険性をもたらす。なぜなら，ステレオタイプや偏見を持つ者としてまなざしを向けられ，「理解できていない」という評価を与えられることになるからだ。

こうした自身のアイデンティティから逸脱した否定的な評価を与えられた時，人は存在証明の必要に迫られる（石川, 1992）。例えば，富樫（2021）は，自分の専門性ではクライエントの経験を理解することができないと感じられた時，セラピストは恐怖し，なんとか自身の正常性を証明しようという欲求に駆られると記述している。正常性を証明するために，自身を正常な観察者として固定化させ，「相手を私と同じように複雑な背景を持ち，さまざまな表情を見せる豊かな可塑性を持った人ではなく，抽象化された対象として」位置づけるという（富樫, 2021, p.12）。こうしてセラピストはクライエントを，病理を抱える他者として格下げし，彼らの声に耳を貸さない〈沼〉と化し，応答を回避する。

そのふるまいは，さらなる抑圧をクライエントに与えて彼らの疑念と不信を生みだし，結果的にクライエントはセラピーから離れていく。相手の回復や問題解決をサポートするための専門家としての立場性にこだわった結果，こうした事態が起こるのだとしたら，これほど皮肉なことはないだろう。

V　応答に向けて

以上のような問題に対処するために，Sue（2010/2020）が紹介するように，アメリカカウンセリング心理協会では，①自らの価値観とは異なる価値観を尊重する，②人種，ジェンダー，性的指向，階級，宗教，年齢，身体障害などの多様な文化コミュニティで活動し，他者についてオープンに学ぶ，③自らのバイアスと偏見に対してセル

フチェックを行い，オープンになる，④サービスにアクセスする機会が平等に提供されている，⑤レイシズム・性差別・年齢差別・異性愛主義・宗教的不寛容や他の形の個人的な偏見の存在と影響について互いに教育し合う，といったモデルが採用されている。またAPA（アメリカ心理学会）では，2000年以降，民族・人種的マイノリティ，女性・少女，男性・少年，トランスジェンダー，ゲイ・レズビアン・バイセクシュアル，貧困の当事者を対象とした心理臨床のガイドラインが次々と作成され，セラピストが自身の偏見などに気付き，クライエントの文化や歴史性，社会的差異に配慮したセラピーを実施することが促されている。しかし，セラピストや支援者が専門的な技能に加え，すべての社会的属性に関して十分な知識を身につけるには時間もかかるし[注3]，限界もあるだろう。また，学習やセルフチェックを行ったことにあぐらをかき，自分は問題ないと誤認してしまう危険もある。

　まず私たちがとるべき姿勢は何だろうか。前出のFoster（2014）は，人種問題に関するセラピーにおける，クライエントの肯定的な評価についても紹介している。例えば，「セラピストが人種について直接質問し，フォローアップの質問をしたり，クライエントの経験を聞くことに純粋に興味を示して会話を続けたとき，正当性を認められ，聞いてもらえたと感じた」「もしセラピストが自分たちの文化的専門知識を偽って，共感を示そうとしたならば，もっと傷つくことになると感じていた」「問題が文化によってどのように形成されたかを完全に理解できなかったことに失望したが，セラピストが決して不誠実な発言をしなかったことに感謝した」などの語りが示されている。

　私たちは，クライエントに向き合うとき，自身に偏見があること，手持ちの知識ではクライエントの世界を完全に理解し得ないことを，まず認める必要がある。専門家としての立場性にしがみついて相手を抽象化してわかった気になるのではなく，目の前の一人の他者として相対し，相手からの問いかけに，こちらも一人の人間として応答すること。こうした生身を伴った関わりが，豊かな関係性を開き，それがクライエントにとって有用な支援につながっていくのかもしれない。

▶謝辞

　「支援（者）臭」に関して，当事者活動や当事者支援にかかわる友人，知人からさまざまな知見を教えていただきました。感謝します。

▶文献

Foster AN（2014）Microaggressions and the experiences of multiracial clients in psychotherapy : A qualitative investigation. In partial fulfillment of the requirements For the Degree of Doctor of Philosophy of Colorado State University.

石川准（1992）アイデンティティ・ゲーム―存在証明の社会学. 新評論.

石川良子（2021）「ひきこもり」から考える―〈聴く〉から始める支援論. 筑摩書房［ちくま新書］.

丸一俊介（2022）心理支援の現場から見るマイクロアグレッション―在日コリアンカウンセリング&コミュニティセンターの歩みから. 現代思想 50-5 ; 186-194.

Morris ER, Lindley L & Galupo MP（2020）"Better issues to focus on": Transgender microaggressions as ethical violations in therapy. The Counseling Psychologist 48-6 ; 883-915.

Sue DW（2010）Microaggression in Everyday : Race, Gender, and Sexual Orientation. John Wiley & Sons, Inc.（マイクロアグレッション研究会 訳（2020）日常生活に埋め込まれたマイクロアグレッション―人種，ジェンダー，性的指向：マイノリティに向けられる無意識の差別. 明石書店）

富樫公一（2021）当事者としての治療者―差別と支配への恐れと欲望. 岩崎学術出版社.

注3）丸一（2022）は，今必要な人がすぐに利用することのできるメンタルヘルスサービスを作ることが急務であるとして，当事者専門のカウンセリング機関の必要性を提示している。実際に，在日コリアンのためのカウンセリング機関（ZAC）を設立，運営している。

[特集] 怒りとはなにか？──攻撃性と向き合う

社会的孤立と怒り

復讐／成就

門本 泉　Izumi Kadomoto

大正大学

I　社会的孤立

社会的孤立のネガティブな影響は，COVID-19が世界を飲み込んで以来，一層注目を浴びている。日本においてはここ数十年，高齢者の孤独死，生活困難者の孤立といった社会問題として学術的，行政的に検討されてきた（例えば，新田，2013；総務省，2013；みずほリサーチ＆テクノロジーズ株式会社, 2021）。社会的孤立とは，コミュニティや家族・友人といった対人ネットワークが切れてしまう客観的な事態のことであり，主観的体験となる「孤独」とは異なるものである。

社会的孤立状態になると，他者とのつながりが失われ，その結果，身体的な健康に影響を及ぼすリスクが上昇するほか，自尊感情の低下，抑うつ感の上昇など精神的な健康にも害を及ぼしうる（Meeuwesen, 2006）。さらに，自殺へと結びつくこともある（Tulane University, 2020）。

そして，社会的孤立は，今や高齢者や失業者といった特定の属性をもつ一群に限定されたものではなく，もっと広範に一般化した現象になっているという指摘もある（Meeuwesen, 2006）。

II　怒りと攻撃

怒りは，極めて多様な定義と諸相をもつ感情である。進化論的，生理学的，人類学的なアプローチが挙げられるが，本稿では怒りを，感情，認知，行動による複合体として位置づけ，そして社会的孤立との関連で考えていく必要上，高橋（2007）を参考にしつつ，Averill（1982）の社会的な定義を念頭に置くこととする。すなわち，次の3つである。

(1) 怒りは，一個人の総体としての反応であり，ひとつの症候群である。
(2) 怒りの生起には，「（何かが）不当に扱われている」という社会的規範に関わる認知や判断が関係している。
(3) 怒りは，社会的な文脈に規定されるほか，コミュニケーションが行われる社会のなかで，一定の機能をもつ。つまり，知覚された悪事や不正に異議と不快を示すことで対人関係を調整する。

そして，怒りは，攻撃と結びつきやすい。怒りと攻撃はしばしば密接にかかわり，社会的な視座から見れば，拒絶，嫌悪という「距離を取る」性質を帯びながらも，相手に「接近」し，損害を与

えるという性質をも併せもつ。また，怒りは，特定の出来事が刺激となって「生起する」という受動的な（非意図的な）性質をもつ一方，「攻撃」は積極的（意図的）な加害行動といえる。この損害・加害という「問題」が生じるゆえ，社会において，攻撃は（往々にして怒りも）阻止・介入の対象となる。しかしながら，対人援助の専門家にとって，怒りと攻撃は，扱いづらい事象のひとつのようである。不用意に扱うと，対象者の禁忌の部分に触れてしまうのではないかという怖れを感じさせる。抑うつや不安といった感情よりも，扱いに慣れていないため，直面化が難しい（中井，2012）。

III　復讐

　本稿ではもうひとつ，「復讐」というキーワードについても考えてみたい。本来「復讐」とは，単なる「仕返し」ではなく，怒りの度合いも，攻撃性の強度も強く，被害が重大なものを指すように思う。復讐の代表格である「仇討ち」などは，今や我々の生活からは極めて遠いものだが，怒りと恨みを基底にした，結果の重大性を考慮しない報復行為こそが復讐であり，そして，この復讐という行為も，まことに社会的，対人的な概念である。

　正当でない（と思われる）ことを法定主義国家の社会が正せない場合，「報われない」心と状況両方を「報われる」ようにするためには，復讐が必要になる。少なくとも復讐する者（以下，「当事者」という）にはそう思われている。ある研究では，疎外された体験から強い怒りや恨みを抱くようになるのは，若者に加えて高齢な者も多いという指摘があり（Rebelo et al., 2022），復讐は，血気盛んな若者の一時の暴発とはいえない側面がある。

　復讐には，次のような特徴がある。

(1) 特定の出来事への瞬時の反応ではなく，より長期にわたる感情，認知，行動の複合体を背景にもつ。
(2) 復讐への動機をもつ当事者の価値体系と関連し，当事者の拠って立つ規範に照らして，何かが「正

当でない」という道徳的判断が存在する。
(3) 復讐が実行される前には，一定の潜在（準備）期間がある。恨みを募らせ，「許せない」という結論を，たいていは何度も確認する過程が認められる。連想のネットワーク理論にしたがい，怒りにまつわるさまざまな記憶の表象が活性化され（高橋，2007），反芻されるなかで，怒りにまつわる感情，認知，行動の複合体は，信条や決意といったものも取り込んで，強力な心的連合を形成する。
(4) 復讐は，ある意図の伝達手段であり，メッセージの受け手の心情に何らかの変化を起こそうとするものである。この限りにおいて，復讐は，社会的動機をもつ。ただし，メッセージの送信対象は，必ずしも怒りの原因となっている人物とは限らない。場合により不特定の対象に向けられることもあれば，本来の復讐対象ではない第三者への加害行為となることもある。
(5) 不正の存在，自身の受けた損害，傷を，より多くの人に知ってもらうことも，当事者にとって大きな動機となりうる。この場合，復讐は，公然となされる必要がある。杉尾（2012）は，復讐としての意味がある自殺には，「何かがおかしい」「何かが非難されるべきである」（p.73）という訴えが包含されるゆえ，多くの人の面前で実行することが要請される文化もあること，そうした自殺による復讐が，弱者にとって唯一とも言える社会矯正手段であることを論じている。
(6) 復讐した後，当事者は，カタルシスを得て満足する，あるいは情緒の沈静化をみるとは限らない。最近の研究では，復讐の後に残るのは，不快感や嫌悪感でしかないという指摘もあり，また，この快感・不快感という両方が入り混じった情緒が生じることも報告されている（Eadeh et al., 2022）。Tavris（1982）は，吐き出して表現すれば怒りや攻撃が消えるというのは「神話」だと言う。
(7) 復讐の原動力となる「怒り」の裏側には，多くの場合，別の感情が隠れている。例えば，「悲しみ」などである。しかし当事者は，復讐に出るまで（否，出た後も），English（1971）が「本物の感情」と呼ぶこれらの深い部分の感情，換言すればおそらくは心理療法において最も重要な鍵となる感情には注目していないし，気づいていないこともある。そして，当事者の激しい他者否定や嫌悪，罰しよ

図　復讐のプロセス

うとする動機は，そこまで追い詰められてつらいばかりの自分自身への怒り，軽蔑，攻撃的意図と表裏一体になっていることもしばしばある。

(8) そして，復讐の実行域に一歩足を踏み入れてしまった後は，内省への働きかけはほとんど功を奏さない。当事者（復讐を実行したもの，あるいは実行を決意した者）には，社会的非難も，社会的非難を予測させることも，踏みとどまらせるに足る影響力は生まれない。例えば，復讐的な意味合いの犯罪により受刑者になった者のなかには，自分の犯罪を振り返り後悔の念を示す者も確かにいる。しかし彼らのうちには，我々には容易に共感を覚えづらい不快感と自己イメージが凝固して存在し，外部からの働きかけにほとんど影響を受けないように見えるときがある。

(9) さらに興味深いのは，当事者は，復讐したい相手が改心したり，謝罪したりすることを，必ずしも望んでいないということである。重大事件に至ったケースでは，そもそも相手の命を最初に奪ってしまったら，改心や謝罪を望もうにも無理な話である。

　図は，社会的孤立と怒り，それらが絡み合って復讐へ向かう経路に関する私見を，簡単に示したものである。もちろんすべての事例をこのモデルで説明しようとは思わないが，仮にこの経路をたどる場合，このフローをどこでだれが阻止できるかを考えることには意味がある。

Ⅳ　成就──復讐がもたらすもの

　これまで述べてきたことを踏まえると，復讐というのは，社会的孤立のなかに置き去りにされた（ように当事者には感じられる）怒りへの対処行為と表現できる。復讐は社会的概念だと先に述べたが，同時に，きわめて主観的，内閉的な性質をも内包している。最後には他者に何も期待せずに，自身の行為完遂のみを目指す自己完結型の自己説得行為とも言える。こうなると，社会的孤立は原因ではなく，媒介物でもなく，復讐の結果となるだろう。

　一体，当事者は，そこまでの犠牲を払って，何を成就させるのだろうか。あるいは，何を成就できたと思うのだろうか。仮に彼らが獲得できるものがあるとしても，果たしてそれは，行為前に抱いていた「動機」と整合するのだろうか。成就とは，「成し遂げる」という主体性を含みつつ，「願いが叶う」という受動性も包含する語であるが，実際の司法臨床現場で出会う当事者（「元」復讐者）は，「実行」の事実は残れど，何も「叶えて」いない。彼らはそれをおそらく自覚しているのだが，それだけに，その事実を突きつけられることを避けようとすることもある。

　それでも，実行したことにより，もしかしたら，復讐に及ぶ前と比べると，幾分楽になるのかもしれない。なぜなら，それは怒りが鎮まるからでは

なく，孤立が解消されるからではなく，不正が正せるからではなく，自分がある行為に自ら及んだという事実から来る主体性の疑似的回復と，今の不幸は自らの責任によるものであるという納得が生まれるからではないだろうか。筆者はこうしたことを，直接，当事者に確認したことはない。彼らも話すことはない。たとえこの仮説が真実だったとしても，彼らのなかには，そのようなことを口に出す資格などあろうはずがないという認知も存在しているからだと思われる。

　「通院の 61 歳男，放火か，大阪ビル火災，30 分前自宅？　燃える」(2021.12.18 ／日本経済新聞)
　「「母の介護，対応に不満」埼玉立てこもり人質医師死亡，容疑者，散弾銃 2 丁所持」(2022.1.29 ／日本経済新聞)
　「個人的憎悪，要人に矛先か　容疑者「母が宗教に傾倒，恨み」」(2022.7.10 ／日本経済新聞)

　これらは，どれもここ 1 年ほどの新聞報道の見出しだが，社会的孤立と怒りが関連していることが示唆される事件である。客観的には不合理でしかない行動選択でも，彼らの側からすれば何らかの訳があるのだろうが，こうした事件を目にするたびに，筆者は，司法領域の心理臨床家として，成就されたものと破壊されたものを想像し，言いようのない疲労感を抱く。

Ⅴ　「小さな」復讐，「変則的」復讐

　重大事件ではなくとも，世の中には単なる仕返しを超えた，「小さな」復讐がたくさんあると考えられる。その当事者もまた，一定の孤立のなかで，怒りの自家中毒のような事態に陥っているのかもしれない。また，復讐とまでは言えなくても，類似の状況から人間が選択する加害行為は，きっと筆者の想定よりも多いのだろう。
　例えば，近年とみに取りざたされる SNS 上の誹謗中傷を見ると，現実世界において孤立している人，怒りを抱えている人が，悪辣な排除

行為に出ていることは一目瞭然である。今や世界中の問題となっているネット上のいじめ (cyberbullying) の問題もある。2021 年の米国の統計では，COVID-19 が流行後，生活の在り方が激変し，発生件数は 40％増加したという (Hinduja, 2022)。もちろんこうした統計には「類復讐行為」が含まれると思われるが，オンラインという手軽さと匿名性のなかで，怒りと攻撃の対象の移し替えが容易に起こりやすく，また行為の前後，あるいは最中に自分を客観的に見る目が弱くなっていることが懸念される。直接的な攻撃行動には出なくても，加害を眺めて「いい気味だ」と快感を味わっている者は，傍観という役割で加害の一翼を担っている当事者と言え，いわゆるシャーデンフロイデの定義には該当しない。

Ⅵ　介入の可能性

　こうした広義の復讐者も含め，孤立と怒りと復讐の triad（三つ組）のなかにある人と，どうかかわれるだろうか。怒りを攻撃と復讐に結びつけて考えた哲学者 Seneca（セネカ，2008）は，怒りがひとたび常軌を外れ，斜めに進みだしたならば，健全な方向に直すのは困難になると述べている。なぜなら，一度暴走を許すということは，怒りに「当然の権利」を認めることになってしまい，当事者に立ち止まる理由を与えないからである。自身の怒りの正当性を信じている人に，カウンセリングやアンガーマネジメントの必要性を説いても，確かにうまくいかないだろう。
　では，じっくり話を聴いて，共感し，接近しようと試みるか。Seneca は，「復讐とは受けた苦痛の告白に過ぎない」(p.201) と言う。苦痛への理解や同情は，慎重さが足りないと，復讐の動機づけに油を注ぐことになりかねない。では，距離を取り，客観的視点から介入していくかかわりが効果的か。相手がだいぶ遠くにいると感知した者は，自分の孤立を再確認するだけに終わるかもしれない。どちらかに偏り過ぎず，ちょうど真ん中などといった絶妙な距離は，ベテランのセラピストで

あっても測るのが難しいと思う。この点について，定型化した技術を携えない臨床家はまだ多いと思うし，筆者もそのなかの一人である。

　しかし現実には，地域で，職場で，学校で，医療・福祉機関等で，専門家とは限らない多くの人たちの手により，種子状態の怒りは芽を伸ばすことなく，図の流れは阻止されているのだろう——意図的であれ，非意図的であれ。そしてそれは，振り出しに戻ってしまうが，怒りをため込む当事者の周囲の人たちが，彼の孤立の連続性に切れ目を入れているからにほかならない。それは，必ずしも直接的介入ではないかもしれないが，とにかく上記の triad のなかへ風を通すような時間があるはずである。復讐の種子自体が消失することがなくても，その人の生活がたいていにおいて孤独であっても，発芽を発動させうる状態が一定期間継続して整わなければ，種子が芽を出すところまでには至らないのだと，筆者は想像する。そして，外界からの風を送り込むのは，人間や動物だけとは限らない。住環境の工夫（例えば，都市や建築デザイン）やスマートウォッチの通知機能なども，長く続く孤立の鎖を切るハサミとなれる見込みがある。すでに人工知能を用いた試みも存在する（田中・野口，2022）。

　司法以外の心理臨床の現場においても，怒り，恨み，攻撃性と対峙する機会は，今後，多くなるかもしれない。扱いづらいものを扱えるようになるには，分析と練習が必要で，これまで介入が難しかった「復讐」にまつわる事象や行為について，我々はもっと理解を深めていく必要がありそうである。当世風に言えば，この努力を通して，これまでの苦手意識（劣勢）に「リベンジ」（克服，挽回）を図っていくことになるだろう。もちろん，安全な方法で，である。

▶文献

Averill JR（1982）Anger and Aggression : An Essay on Emotion. Springer-Verlag.

Eadeh FR, Peak SA & Lambert AJ（2022）The bittersweet taste of revenge : On the negative and positive consequences of retaliation. Journal of Experimental Social psychology 68 ; 27-39.

English F（1971）The substitution factor : Rackets and real feelings. Transactional Analysis Journal 1-4 ; 225-230.

Hinduja S（2022）Cyberbullying statistics 2021 : Age, gender, sexual orientation, and race. Cyberbullying Research Center. Retrieved from https://cyberbullying.org/cyberbullying-statistics-age-gender-sexual-orientation-race#:~:text=As%20a%20reference%20point%2C%20a,%25%3B%20Hispanic%2016%2D18%25 ［2022年10月10日閲覧］

Meeuwesen L（2006）A typology of social contacts. In : R Hortulanus, A Machielse & L Meeuwesen（Eds）Social Isolation in Modern Society. Routledge, pp.37-59.

みずほリサーチ＆テクノロジーズ株式会社（2021）社会的孤立の実態・要因等に関する調査分析等研究事業報告書（https://www.mhlw.go.jp/content/12200000/000790673.pdf［2022年10月1日閲覧］）.

中井あづみ（2012）怒りと怒りの近似概念の操作的定義の異同および怒りの操作的定義に影響を与えた要因．心理学紀要（明治学院大学）22 ; 13-30.

新田雅子（2013）「孤独死」あるいは「孤立死」に関する福祉社会学的考察—実践のために．札幌学院大学人文学会紀要 93 ; 105-125.

Rebelo MJS, Fernández M & Meneses-Falcon C（2022）Chewing revenge or becoming socially desirable? Anger rumination in refugees and immigrants experiencing racial hostility : Latin-Americans in Spain. Behavioral Science 180. doi.org/10.3390/bs12060180

セネカ［兼利琢也 訳］（2008）怒りについて．岩波書店.

総務省（2013）高齢者の社会的孤立の防止対策等に関する行政評価・監視結果に基づく勧告（https://www.soumu.go.jp/main_content/000217313.pdf［2022年10月1日閲覧］）.

杉尾浩規（2012）自殺の人類学に向けて—「個人」を巡る理論的問題．年報人類学研究 2 ; 67-96.

高橋雅延（2007）感情と認知．In：鈴木直人 編：感情心理学．朝倉書店，pp.36-53.

田中文英，野口洋平（2022）人々の社会的孤立を防ぐ仲介人口知能．人口知能学会第36回大会論文集（https://www.jstage.jst.go.jp/article/pjsai/JSAI2022/0/JSAI2022_1F1GS1001/_article/-char/ja/［2022年10月1日閲覧］）.

Tavris C（1982）Anger : The Misunderstood Emotion. Simon & Schuster.

Tulane University（2020）Understanding the effect of social isolation on mental health. Retrieved from https://publichealth.tulane.edu/blog/effects-of-social-isolation-on-mental-health/ ［2022年10月1日閲覧］

🗨 [特集] 怒りとはなにか？──攻撃性と向き合う

個人を超えていく怒り
集団心理から怒りを読み解く

金子周平 Shuhei Kaneko
九州大学大学院人間環境学研究院

I　はじめに

　怒りは，集団心理の中でどのように展開するのか。怒りは誰から誰に向けられ，集団の中でどれほど拡大するのか。八つ当たり，いじめ，スケープゴート，差別，無差別殺傷事件，ヘイトクライム，デモ，暴動，テロ，紛争，戦争や虐殺に至るまで，怒りの集団心理は幅広く，時代や地理的な影響を受けて複雑な様相を呈する。本稿では現代社会における怒りの集団心理について，疎外感の中で募る怒り（II），集団で勢いを増す怒り（III），集団で受容され変質する怒り（IV）について，3つの節に分けて考えてみたい。

II　疎外感の中で募る怒り

　私たちが抱く怒りの多くは直接的には表現されない。家族や友人などの親密な人にすら，怒りを素直に向けられないことが多い。その表現されなかった怒りは一体どうなるのだろうか。古くから感情の研究者たちは，怒りを生存のために必要な基本情動として位置付けてきた。怒りとは，心理的・身体的に自由を妨害されたり，嫌悪刺激にさらされたり，不当な侵害を受けたりすることによって生じる感情（Izard, 1991/1996）である。

すると怒りの本来的な機能は，その瞬間に相手を非難，攻撃，威嚇して退けることにあったはずだ。しかし怒りの感情が長く続く場合もある。不当な被害に遭い続けていながらも怒りを向けることができない場合，あるいは過去に表現できなかった怒りが，恨みや憎しみとも呼ばれる感情となって残遺している場合などである。そして，そのようなやり場のない怒りや憎しみは，どこかで解放される機会を待つことになる。Freud（1921/1970）によると，人は集団の中に入る際にそうした「個人の無意識的な衝動の抑圧」を放棄できる条件を得るという。つまり抑圧された怒りは，その怒りの発生状況から離れて，集団の中に表現を求める可能性を秘めることとなる。

　抑圧された怒りが他者と共有されなければ，怒りは個人の中に潜み，社会からは不可視化されていく。怒りを抱く人は疎外感の中でさらに怒りを募らせていく。そうした怒りは時に突如として社会の中に現れる。男性単独で行われることが多い無差別殺傷事件や銃乱射事件も，疎外感とともに堆積した怒りが限界に達した事例である。「誰でもよかった」「母親と重なった」などの言葉がしばしば公判などで聞かれることから，怒りの矛先は第三者に向け変えられていることがわかる。そ

の激しい暴力の被害に遭うのは，痛ましいことに物理的に力の弱い子どもや女性であることが多い。

　近年急増しているアメリカの銃乱射事件に影響する要因のうち，犯人の精神病様症状は比較的小さく，「社会からの排除や拒絶に対する怒りと怨み」の方が大きい可能性が示唆されている。うつ状態，パーソナリティの問題，薬物・アルコール乱用などの精神的な問題に加えて，学校での銃乱射については学校規則，ハラスメント，退学にまつわる問題や復讐心，虐待などの家庭問題が事件の要因となっている（e.g., Brucato et al., 2021）。こうした事件の背景は，私たちの日常である家庭や学校，雇用問題，各種の社会制度と密接に関係していると言ってよいだろう。問題は，人が安心できる人間関係から疎外され，心理的に空虚なひとりの世界に追い込まれることである。それゆえ激しい怒りの矛先は，渾然一体とした孤独な自分と無差別的な他者となる。大量殺人事件の犯人の47〜55％（Stone, 2015 ; Paradice, 2017）が自死していることは，そのことを表しているだろう。

III　集団で勢いを増す怒り

　孤独感の中で堆積する怒りと，集団の中で炎上する怒りは質の異なるものである。個人的な怒りを超えて集団の中で増幅され，過激な集合行動に結びつくものは，集合的怒り（collective anger）と呼ばれる。Lewin（1939/2017）によれば，専制的な（autocratic）児童集団では民主的な（democratic）集団の約30倍の敵対的支配行動がみられ，いじめやスケープゴート現象が生じる。ここでは集合的怒りの要因として，リーダーのスタイルが取り上げられている。つまりリーダーや集団成員個人の怒りに原因があるとは考えられない。Smelser（1962/1973）は，集団ヒステリーやスケープゴートから文化的・社会的運動までをまとめて集合行動として系統化した。彼によると集合行動が生じる前提は，危険が予想できない状況などの「社会的状況の不確かさ」や，役割の免

職や不当な低報酬などの「組織の中での価値の剥奪」などである。人はそうした不確実さに対処しようとして，短絡的でネガティブな信念（ヒステリー信念）を形成してパニックや混乱状態を呈したり，前向きな願望（願望充足信念）を抱いて熱狂したりする。さらにそれらを包含して攻撃対象を均一化する物語（敵意信念）が形成され，暴動やリンチなどが起こる。つまり集合的怒りは，不確かな状況に構造を与える集団の動きによって説明されている。集団力動の研究者たちは，集合的怒りの要因を，社会構造，リーダーシップのスタイル，集団の信念にみており，個々の集団成員の怒りの強さやその総和を論じることはない。Bar-Tal et al.（2007）も，集団を介して各々に感じられる感情にせよ，集団で同種の感情が共有される集合的感情（collective emotions）にせよ，個々人のライフイベントに伴う感情は必須ではないと明確に述べている。個々人の抑圧された怒りは，集合的怒りの初期の発生プロセスや，小集団の集合的怒りには影響しうるかもしれない。しかし，集合的怒りの強力な動きの中で，個人的な怒りの果たす役割は，相対的にみてかなり小さいと考えてよいだろう。

　現代はソーシャルメディアなどにヘイトスピーチが溢れている。よくみられるのは宗教，人種や民族に関するヘイト，政治関係のヘイト，ジェンダーや性指向に関するヘイトである。女性が政治的発言をすることに対する強い反応や，移民政策への反対意見が特定の民族への嫌悪感情の高まりと結びつく（Castaño-Pulgarín et al., 2021）など，各種のヘイトは相互に作用することが多い。オンライン上のヘイトは，対象となる個人や集団を貶め，怯えさせてしまう。そのことが被害者に対する暴力や差別的行動をさらに誘発する。そうした状況を加速させるのが，不正なIDや匿名による投稿であり，そうした行為を黙認するソーシャルメディアサイトも批判を受けている。オンライン上の集合的怒りの発生には，ソーシャルメディアなどで自身と価値観の似た人とコミュニケーショ

ンをとることによって，態度や思想を強めるエ
コーチェンバー効果も関係しているだろう。この
現象は一般のニュースについての会話では生じに
くく，政治的話題では一貫して強く観察される。
また銃乱射事件のように通常の会話から始まり，
ある時点から急速にイデオロギーが偏る傾向を見
せるものもある（Barberá et al., 2015）。インター
ネットメディアが怒りの拡散や増幅に与えている
影響は計り知れない。ちなみにこの分野の研究
は，質的研究では「人種主義（racism）」をキー
ワードに歴史やイデオロギー，感情の抑圧の構造
が議論され，量的研究では「ヘイトスピーチ」を
キーワードに文字情報の分析に限定されがちであ
る（Matamoros-Fernández & Farkas, 2021）。ソー
シャルメディアの短い動画にみられるヘイトやマ
イクロアグレッションが，我々の意識しにくい集
合的怒りに影響している可能性についても調査を
進めていく必要があるだろう。

Ⅳ　集団で受容され変質する怒り

先に引用した Smelser（1962/1973）の理論に
は続きがある。人々が集合行動をとる際に形成す
る信念は，時に社会制度を変える運動や儀式（規
範信念）にも，宗教団体やカルト集団，政治集団（価
値信念）にも発展する。集合的怒りを帯びた社会
的な団体や運動の中には，そこから転じて社会制
度を合法的に創設し，人間の安全や平等をもたら
すものもある。

マイノリティの権利擁護，虐待や犯罪被害の防
止活動，ハラスメント対策，危険運転等の判例
や罰則に関する運動などである。政治的デモや
社会運動の中に含まれる感情は，特定の政治家や
社会的立場にある人物，加害者などに向けられる
義憤や公憤である一方，迫害や被害に遭っている
人に対する集合的痛みや共感であるとも言える。
George Floyd 事件で生じた集合的怒りを契機に，
世界的規模の運動に展開した Black Lives Matter
（BLM）運動は記憶に新しい。アフリカ系アメリ
カ人が経済的地位や教育を得る均等な機会のない

社会的状況があり，そのため平等という価値の剝
奪が生じていたことが，この集合的行動の背景に
あった（Saffer, 2018）と分析される。BLM の集
合的怒りは，暴動や破壊行為，分断を加速化させ
た一方で，アフリカ系と呼ばれる人たちの命と人
権を守る価値ある運動としても展開された。

パニックや熱狂，敵意を表す集団は，その突発
的な性質から安定した関係を持続させにくい特徴
がある。そうした集合的怒りを，社会運動や高次
の精神に変化させることは困難である。Freud や
Le Bon と並んでしばしば引用される McDougall
（1921/1925）は，集団がより高水準になる基本条
件として「集団の存続」，つまり同じ成員間で持
続的に相互のコミュニケーションができ，集団内
のポジションやシステムが後任の人々によって引
き継がれていくことを挙げた。また，集団を構成
する大多数によって，集団の機能や人間関係につ
いての適切な考え，自然と生じる何らかの情感が
形成されることも重要な条件とされた。

集団を持続し，対話を続け，適切な価値観や感
情を共有することは大切である。しかし自身が被
害に遭った時や，身の回りで暴力や差別が拡大し
ている状況においても，こうした態度を保ち続け
ることは非常に難しいことだろう。そこで思い出
されるのは，2006 年にペンシルバニア州の西ニッ
ケルマインズ校銃乱射事件の被害にあったアー
ミッシュたちのことである。被害者の父親が，世
間から見ると「即座に」，加害者を赦す表明をし
たのである。アーミッシュが何世紀も続く迫害の
中で続けてきた営みが注目され，それに驚きと賛
辞が贈られたが，一方であまりに早すぎる赦しに，
怒りの抑圧という指摘もなされた（e.g., Kraybill
et al., 2007）。しかし哲学者の Derrida（2012/2015）
がいうように，赦しの可能性が求められるのは，
赦し得ぬものを前にして赦しが不可能に思えるか
らこそである。赦すことの背景には，赦せなさと
赦すことの苦しみが間違いなくあると考えるなら
ば，アーミッシュが怒りを抑圧しているとするの
は浅薄な批判である。

もう一つ例示しよう。白人至上主義者がヘイト集団を脱退する過程をインタビュー調査したLiguori & Spanierman（2022）は，彼らが（a）嫌がらせや脅し，そして孤独に耐えた後に，（b）新しい社会的ネットワークに触れたり受容されたりする経験をすること，（c）安堵感や抑圧していた共感の解放などの新しい感情体験に出会うこと，（d）内省的に差別や怒りの自己分析を進め，他者との繋がりの中で感情を話し，過ちを認め，許される経験によって癒されることを示している。この研究では，怒りや攻撃以外の豊かな経験とそれに伴う感情に触れること，そしてそれを可能にする人間関係やコミュニティの重要性が示唆されていると捉えてよいだろう。

　組織内の怒りについて論じた2段階閾値モデル（double threshold model）（Geddes & Callister, 2007）では，怒りの抑制でも逸脱でもなく，その2つの閾値の間に位置付けられる「表現された怒り」を拡げるために，「思いやりのある規範」と相互に支え合う「繋がりの文化」が促進的に働くことを示している。集合的怒りの最中でも，それが鎮まった後でも，集団の中で安心して対話を続けるための信頼関係があり，それを続ける規範が共有されていることが重要なのであろう。

Ⅴ　おわりに

　長い歴史の中で，人は怒りや攻撃性を抑え，反差別や反ヘイトの運動を生み，法制度の整備，人権に関する啓蒙や教育，平和を目指す合理化や知性化を進めてきた。私たちの「怒りのコントロール」はここらで限界だろうか。本特集のような発想が出てくるのは，コントロールの限界，もしくは行き過ぎたコントロールの弊害，はたまた怒りの不可視化が世の中の歪みとして出てきているからであろうか。臨床心理学は，個人の怒りの取り扱いのみならず，そのような歪みが潜伏して作用する集団力動と，人間の怒りと社会制度との関係にも関心を向け続けていたい。

▶文献

Barberá P, Jost JT, Nagler J et al.（2015）Tweeting from left to right : Is online political communication more than an echo chamber?. Psychological Science 26-10 ; 1531-1542.

Bar-Tal D, Halperin E & de Rivera J（2007）Collective emotions in conflict situations : Societal implications. Journal of Social Issues 63-2 ; 441-460.

Brucato G, Appelbaum PS, Hesson H et al.（2021）Psychotic symptoms in mass shootings v. mass murders not involving firearms : Findings from the Columbia mass murder database. Psychological Medicine ; 1-9.

Castaño-Pulgarín SA, Suárez-Betancur N, Vega LMT et al.（2021）Internet, social media and online hate speech. Systematic review. Aggression and Violent Behavior 58 ; 101608.

Derrida J（2012）Pardonner : L'impardonnable et l'imprescriptible. Éditions Galilée.（守中高明 訳（2015）赦すこと—赦し得ぬものと時効にかかり得ぬもの．未來社）

Freud S（1921）Massenpsychologie und Ich-Analyse. Intercultural Press.（井村恒郎ほか 訳（1970）集団心理学と自我の分析. In：フロイト著作集 第六巻．人文書院）

Geddes D & Callister RR（2007）Crossing the line（s）: A dual threshold model of anger in organizations. Academy of Management Review 32-3 ; 721-746.

Izard CE（1991）The Psychology of Emotions. New York : Plenum Press.（荘厳舜哉 監訳，比較発達研究会 訳（1996）感情心理学．ナカニシヤ出版）

Kraybill DB, Nolt SM & Weaver-Zercher DL（2007）Amish Grace : How Forgiveness Transcended Tragedy. John Wiley & Sons.（青木玲 訳（2008）アーミッシュの赦し—なぜ彼らはすぐに犯人とその家族を赦したのか．亜紀書房）

Lewin K（1939）Experiments in social place. In : GW Lewin（Ed）（1997）: Resolving Social Conflicts and Field Theory in Social Science. American Psychological Association.（末永俊郎 訳（2017）社会的空間における実験. In：社会的葛藤の解決．ちとせプレス）

Liguori JB & Spanierman LB（2022）Walking out on hate : A qualitative investigation of how and why white supremacists quit hate groups. Journal of Counseling Psychology 69-4 ; 389-402.

Matamoros-Fernández A & Farkas J（2021）Racism, hate speech, and social media : A systematic review and critique. Television & New Media 22-2 ; 205-224.

McDougall W（1921）The Group Mind. The University Press.（宮澤末男 訳（1925）聚團心理．大日本文明協會）

Paradice D（2017）An analysis of US school shooting

data（1840-2015）. Education 138-2 ; 135-144.

Saffer AJ（2018）Value-added theory. The International Encyclopedia of Strategic Communication 1-10.

Smelser NJ（1962）Theory of Collective Behavior. The Macmillan Company.（会田彰，木原孝 訳（1973）集合行動の理論. 誠信書房）

Stone MH（2015）Mass murder, mental illness, and men. Violence and Gender 2-1 ; 51-86.

[特集] 怒りとはなにか？──攻撃性と向き合う

怒りを〈手放す〉

湯川進太郎 Shintaro Yukawa
白鷗大学

I　鎖縁

　古代ギリシャの詩人 Homer が残した叙事詩『イリアス』の書き出しは，「怒りを歌え，女神よ，ペレウスの子アキレウスの──」（松平千秋 訳，1992）と始まる。紀元前8世紀頃に作られた西洋最古の古典のテーマはまさに「怒り」であった。一方，東洋に目を向ければ，仏教では「三毒」と呼ばれる克服すべき3つの煩悩があるとされる。それは，むさぼる心（貪）と怒る心（瞋）とおろかな心（痴）であり，ここにもはっきりと「怒り」が挙げられている。つまり，怒りは，洋の東西を問わず古より，我々人間にとっての本質的中核的な感情であり，ときに我々を巻き込み翻弄するやっかいな感情と考えられてきた。Homer も Buddha もきっと同じだったに違いない。

　このように，切っても切れない古くからの鎖縁さながら我々の前に（中に？）しばしば立ち現れる怒りについて，とりあえず定義するところから始めてみたい。何事も，まずは相手をよく知ることが，その相手とうまくやっていくための王道であり，怒りもまた然りである。

II　怒りを知る

1　怒りの定義

　感情全般にもいえるが（Cornelius, 1996），怒りも認知・生理・進化・社会の4つの視点から定義することができる（湯川，2008）。4つの視点それぞれの詳細な説明は湯川（2008）に譲るとして，これら4つを総合して1つにまとめた定義が次のものである。

　　「自己もしくは社会への，不当なもしくは故意による（と認知される），物理的もしくは心理的な侵害に対する，自己防衛もしくは社会維持のために喚起された，心身の準備状態」　　　（湯川，2008）

　この長い定義をやや強引に分かりやすく換言すれば，要するに怒りとは，何らかの「脅威」に対する有機体（生物）としての反応だといえる。つまり，広い意味で「私が脅かされている」状態になると喚起される感情，ということだ。ここでいう「私が脅かされている」という状態にはさまざまなものが含まれる。例えば，自分の存在や言動が尊重されていない場合や，自分の目標や欲求が満たされない場合も，生きていく上で我々にとっ

ての脅威と捉えられる。罵られたり殴られたりすれば物理的身体的に脅かされているのは明らかなので，これに対する反応として怒るのは分かりやすい。こうした分かりやすい状況のほかに，例えば，働きに見合った対価や謝意が得られなかった，話しかけたら無視された，道路を走っていたら強引に割り込まれた，仕事を邪魔された，という状況でも我々は怒りを感じる。これらはすべて，「私が脅かされている」状態と見なすことができる。

　なお，脅威という観点でいえば，未確定の将来に対して漠然とした脅威を感じるときに抱く感情が「不安」であり，脅威にさらされている（さらされた）と感じるときに抱く感情が「怒り」と「恐怖」である。この「怒り」と「恐怖」はそれぞれ，行動的には「闘争」と「逃走」を動機づける。いわゆる，交感神経系が賦活したストレス反応としての「闘争−逃走反応」である。日本語において「怒り」を表現する言葉を調べた研究でも，「頭にくる」「腹が立つ」など身体的な表現が多いことや，「血が上る」など血流やエネルギーの増加・上昇に関連する表現が多いことが指摘されている（湯川，2022）。こうした点からも，怒りは強い身体性を特徴としていることが分かる。

❷　怒りの経験

　次に，我々が怒りという感情をどのように経験しているかを見てみよう。しばしば，「怒り」は「攻撃」と同一視されることがあるが，両者は一対一で対応しているわけではない。怒りが感情だとすれば，攻撃は行動である。湯川・日比野（2003）によれば，怒りを感じたとき，これを緩和する行動として最も採用されるのは社会的共有（自分の経験やそれにまつわる感情を他者に開示すること）であり（33.3％），攻撃行動は全体の中でも低い方の部類に入る5番目（14.3％）の選択肢であった。つまり，我々は心の中で怒ってもそれを表に（直接的に）出すことはほとんどない。これは，人間関係を壊さないという点で社会的に見れば適応的なふるまいである。

　しかし，そうして心の中に押しとどめた怒りはその後，繰り返し再燃することがある。すなわち，「反芻」である。怒りは多くの場合，だいたい1〜2週間で鎮静化するが（遠藤・湯川，2012；日比野・湯川，2004），逆にいえば，その間は何度も反芻する可能性がある。そうして怒り経験を思い出す（心的に再体験する）たびに，経験時と同様に交感神経系が賦活する。つまり，身体的に見れば，闘争−逃走反応（ストレス反応）を何度も繰り返すことになる。こうして交感神経系の賦活状態が反復・継続することによって，やがて心身の不健康をもたらすことになる。

　また，怒りを感じる相手は，身近な人（重要な他者）であることが多い（遠藤・湯川，2013）。日常生活では，一度きりしか会わないような通りすがりの赤の他人に腹を立てることもあるが，その怒りは数分後には忘れるような一時的なものが多いだろう。繰り返し思い出すような，悩ましい怒りはむしろ，家族・恋人・同僚（や上司や部下）・友人・隣人などの身近な他者に対して抱く。そうした他者から「私が脅かされている」と感じるのは捨て置けない問題であり，だからこそ（強い）怒りを感じ，何度も反芻する。また，身近な他者との関係は反復的・持続的なために，怒りの原因となる行為に再度さらされるなど，反芻する，あるいは怒りを増幅するきっかけとなる機会も多い。

　このように，怒りはその特徴として，反芻しやすいことが挙げられる。簡単には手放せないのだ。なかでも反芻しやすい傾向の人ほど，特性的な怒り傾向も高い（荒井・湯川，2006）。特性的な怒りが高い人は，怒りを喚起しやすかったり，持続しやすかったりする。つまり，日ごろから怒りのポテンシャリティが高い状態であり続けることになる。これでは健康に良いはずがない。無論こうした人だけに限らず，我々の誰もが経験する怒りという感情とうまくやっていくには，手放しにくいがゆえにどう手放していくか，がポイントとなってくる。

III　怒りを手放す

1　言語化する

　怒りがなかなか手放せない理由のひとつとして，「思考の未統合感」がある（遠藤・湯川，2012）。先にも述べた通り，一般的に怒りは時間経過とともに鎮静するが，その怒りに関する経験が個人の中で十分に処理（整理）されていない場合（認知的統合の欠如あるいは未完了感），その「統合されていない」感じが，怒りを維持（反芻）させる。したがって，具体的なその怒り経験を手放すには，その経験を個人の中で処理・統合する必要がある。

　こうした処理・統合を促す方法のひとつが，「筆記開示法（筆記療法）」である（Lepore & Smyth, 2002 ; Pennebaker, 1997）。単なる支離滅裂な文字の羅列ではなく，自分の感情経験を文字にして書く（言語化する）という行為には，必然的に自分の感情に気づき（セルフ・モニタリング），整理・統合する（認知的再体制化）ことが必要である。このセルフ・モニタリングと認知的再体制化は，認知行動療法における治療方針の2本柱であり（坂野，1995），筆記開示法はいわば，認知行動療法のエッセンスを凝縮したセルフヘルプとみなすことができる。こうして怒りの経験を言語化することで，過去の出来事が統合され，受容され，結果的に怒りを手放すことができる。古典的な筆記開示法は3〜5日間，毎日15〜20分間，出来事について言語化することが求められる。これを応用して3週間にわたり怒り経験を日記形式で筆記させたところ，ネガティブな反芻傾向が低減した（荒井・湯川，2006）。

　言語化による感情制御に関しては近年，感情語彙サイズ（語彙知識の広さ）などによって測られるような「感情粒度」が注目されている（池田，2022）。これには，感情に関する総合的な理論として近年最も有力視されている構成感情理論における（Barrett, 2017），感情をいかに言語化するかが個人の健康状態を左右する，という考えが背景にある。小説家の京極夏彦も，「語彙は解像度である」として，言葉のバリエーションが豊富であるほど，自分の気持ちを表現し，相手の気持ちを理解することができ，結果的に人間関係も潤滑になり，視野も世界も広がる，と説いている（京極，2021）。

　このように，怒りは言葉によって手放すことができる。もちろんあらゆる怒りに効く万能薬ではないが，しつこくまとわりついていた怒り経験の多くは，言語化によって整理され受容されることで，鎮静化が促される。

　このとき，制限なくただ思うままに書くことにもそれなりに意味はあるが，ある程度方向づけをした筆記（構造化筆記）の効果も認められている（遠藤・湯川，2018）。方法の詳細は原著に譲るとして，そこでの重要なポイントは，相手との関係の中で「本当のところ自分（私）はどうして欲しかったのか」への洞察を深めるよう導く点にある。つまり，相手によって「私が脅かされている」から感じる怒りの裏側には，必然的に「私」へのこだわり（執着）があることに気づくことに，自分の怒り経験に対する深い洞察が期待される。怒りの核心には，必ず「私」がある。究極的には，この「私」を手放すことが，つまり「我執」を捨てることが，真の安堵をもたらす。

2　マインドフルになる

　筆記開示法が怒りを手放す対症療法的なアプローチ（薬に例えれば，西洋医学的な抗生物質）だとすれば，感情とのつきあい方を根本的に変えていく根治療法的なアプローチ（東洋医学的な漢方薬）としては，ここ数年でさまざまな分野に浸透しているマインドフルネスがふさわしい。マインドフルネスとは，「今，この瞬間の体験に意図的に意識を向け，評価をせずに，とらわれのない状態で，ただ観ること」と定義される（日本マインドフルネス学会［https://mindfulness.jp.net/]）。

　感情とうまくやっていくには，感情との間に適

切な距離を保つことが重要である。適切な距離を保つことによって，感情に巻き込まれ翻弄されることなく，自分や周囲の状況を冷静に観察することができる。ある特定の怒りがまとわりついて離れない（反芻を繰り返す）場合，上述した筆記開示法は，言葉によってそれを対象化することで一定の距離を置くことを可能にする。マインドフルネスとは，そのように感情と距離を置いてそれを観察することそのものである。ただしマインドフルネスの場合は，常日頃から瞑想によってマインドフルネスを養うことにより，感情との距離感（間合いの取り方，関わり方）を根本的に変えていくことに主眼がある。そうすることで，予防的な点も含めた広い意味での感情制御ができるようになる。つまり，感情に巻き込まれない心のあり方を普段から鍛えておくのである。いわば，マインドフルネス瞑想は，内的な感情生活の底上げあるいは心のブラッシュアップを狙っている。

　マインドフルネスを磨く瞑想は，基本的に２段階からなる。まず自分の呼吸を観察することから始めて集中力を養い（止行／サマタ瞑想），そこから徐々に注意（意識）を身体全体に向けていくことで全方位的な観察力を培っていく（観行／ヴィパッサナー瞑想）。自分の呼吸や身体を観察しつつも，我々の心はじきにさまよいだし（マインドワンダリング），過去や未来に関する感情や思考に囚われてしまう。瞑想中，自分の注意（意識）がその感情や思考に囚われていることにハッと気づいたら（この「気づき」こそが，まさにマインドフルネスである），また呼吸に注意（意識）を戻す。これをただひたすら繰り返す。曹洞禅でいうところの「只管打坐」である。瞑想によるこのような心の鍛錬を続けていくことで，瞑想をしている特別な時間だけでなく，徐々に起床から就寝までの生活全般の活動一つひとつにマインドフルな態度で取り組むようにしていく。

　このように，マインドフルネスとは，じっくりと時間をかけて養う心のあり方であるため，自分の怒りとの関わり方が変容してきた感覚をごく短

期間で即時的に自覚することはおそらく難しい。例えば，平野・湯川（2013）では，1週間の呼吸瞑想訓練ののち，4週間継続して呼吸瞑想を自発的に行った群において，怒りの反芻傾向の有意な低減が見られた。このように根気よく瞑想実践を続け，日々の生活もマインドフルに過ごすよう心掛けているうちにふと，怒りとの間にちょうどよい距離を保つことができて，むやみに巻き込まれなくなってきたり，あるいは，怒り感情の起こり（怒りそうになる前兆のようなもの）に早い段階で気づきやすくなってきたりする。つまり，無意識的無意図的に怒りに囚われて翻弄されていた状態から覚めて，意識的意図的に離れる（すなわち，怒りを手放す）ことができるようになる。

　なお，マインドフルネス瞑想の基本は，呼吸に注意（意識）を向けることにある。腹式呼吸でもって呼吸を観察していると，（注意を向けてただ観察しているだけで）やがて呼吸はゆっくりになる。こうして呼吸が調うことで（調息），同時に心も調う（調心）。生理的には，呼吸が調えられることで副交感神経系が優位となり，心身共にリラックスする。先にも述べたように，怒りは交感神経系が優位となる身体性の強い感情であるがゆえに，呼吸を重視するマインドフルネスは怒りにより適したアプローチであるといえる（身体技法・ボディワークとしてのマインドフルネス瞑想については，湯川（2017）を参照）。

　このマインドフルに「手放す」感覚について，図を用いてもう少し詳しく説明する。図は，心と体（呼吸と身体）を表現したイメージ図と考えてもらいたい。図Ａの①にあるように，怒り経験に関わる感情や思考が心の中へ入ってくる（生じる）とする。すると図Ａの②のように，我々の注意はその思考や感情に向けられる。そのままでは心は怒りに囚われたまま（意識は怒りに占領されたまま）であり，怒りはずっと居座り続ける。この状態は不快なため，我々はしばしば，これを無理やり心の外に追い出そうとする，つまり，考えないようにしようとする（思考抑制）。しかし

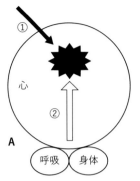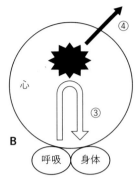

図　マインドフルに「手放す」感覚

皮肉なことに，こうして考えないようにすればするほど，かえって考えてしまう。これを思考抑制による「逆説的効果」あるいは「リバウンド効果」という（Wegner et al., 1987）。つまり，考えたくないから考えないようにする，という強引な拒絶はむしろ逆効果なのだ。

　では一体どうすればよいか。それは，感情や思考はそこにあるままにしておき（特に何かそれ自体に力を加えようとせず），図Ｂの③にあるように，注意の先を自分の呼吸と身体に戻すのである。そうして呼吸と身体に注意を向け続けているうちに，図Ｂの④のようにやがて感情や思考は勝手に心の外へ出ていく（消えていく）。このとき，出ていく感情や思考を追わないよう，呼吸と身体に注意を向け続ける。

　これが，マインドフルに「手放す」ときの感覚だ。例えていうなら「来る者は拒まず，去る者は追わず」（孟子）であろうか。あるいは，荘子の「木鶏」でも良い。沢庵なら「かかし」である（湯川，2019）。いずれにせよ，ちょうど良い距離（間合，関係）を保つことで怒りという切っても切れない鎖縁の相手とうまく（長く）つきあっていくための，これこそまさに極意である。

Ⅳ　私を手放す

　怒りとは「私が脅かされている」状態への反応である。であれば，怒りを手放すには，究極的には私（へのこだわり）を手放すことである。筆記開示法は感情との距離を保ちつつ，さらに深めることで，私への執着（我執）を知る糸口を与えてくれるツールとなる。また，マインドフルネス瞑想によって単に怒りの感情や思考を手放すのみならず，その核心である私（へのこだわり）を手放すことこそが，仏教的な意味での「自由」であり，すなわち，「無我」の境地である。

▶文献

荒井崇史，湯川進太郎（2006）言語化による怒りの制御．カウンセリング研究 39；1-10.

Barrett LF（2017）How Emotions Are Made : The Secret Life of the Brain. New York, NY : Houghton Mifflin Harcourt.（高橋洋 訳（2019）情動はこうしてつくられる―脳の隠れた働きと構成主義的情動理論．紀伊國屋書店）

Cornelius RR（1996）The Science of Emotion : Research and Tradition in the Psychology of Emotion. NJ, Prentice Hall : Upper Saddle River.（斎藤勇 監訳（1999）感情の科学―心理学は感情をどこまで理解できたか．誠信書房）

遠藤寛子，湯川進太郎（2012）怒りの維持過程―認知および行動の媒介的役割．心理学研究 82；505-513.

遠藤寛子，湯川進太郎（2013）大学生における怒り喚起の場面と対象―高校生との比較を通じて．筑波大学心理学研究 45；33-38.

遠藤寛子，湯川進太郎（2018）怒りの維持過程に基づいた筆記開示法の検討―思考の未統合感に着目して．カウンセリング研究 51；81-93.

日比野桂，湯川進太郎（2004）怒り経験の鎮静化過程―感情・認知・行動の時系列的変化．心理学研究 74；521-530.

平野美沙，湯川進太郎（2013）マインドフルネス瞑想の怒り低減効果に関する実験的検討．心理学研究 84；93-102.

ホメロス［松平千秋 訳］(1992)イリアス(上). 岩波書店［岩波文庫］.

池田慎之介（2022）感情語彙サイズ推定テストの開発―コンピュータ適応型テストを用いて. 感情心理学研究（印刷中）.

京極夏彦（2021）「おばけ」と「ことば」のあやしいはなし. 文藝春秋.

Lepore SJ & Smyth JM（Eds）（2002）The Writing Cure : How Expressive Writing Promotes Health and Emotional Well-being. Washington, DC : American Psychological Association Press.（余語真夫, 佐藤健二, 河野和明ほか 監訳（2004）筆記療法―トラウマやストレスの筆記による心身健康の増進. 北大路書房）

Pennebaker JW（1997）Opening Up : The Healing Power of Expressing Emotions. New York : Guilford Press.（余語真夫 監訳（2000）オープニングアップ―秘密の告白と心身の健康. 北大路書房）

坂野雄二（1995）認知行動療法. 日本評論社.

Wegner DM, Schneider DJ, Carter SR et al.（1987）Paradoxical effects of thought suppression. Journal of Personality and Social Psychology 53 ; 5-13.

湯川進太郎 編著（2008）怒りの心理学―怒りとうまくつきあうための理論と方法. 有斐閣.

湯川進太郎（2017）実践武術瞑想―集中力と観察力を研ぎ澄ます武術ボディワーク. 誠信書房.

湯川進太郎（2019）禅僧沢庵 不動智神妙録―身体心理学で読み解く武道的人生哲学. 誠信書房.

湯川進太郎（2022）日本語における「怒り」表現の認知言語学的研究―身体部位による分類. 日本感情心理学会第30回大会発表論文集（感情心理学研究 30［Supplement］）（印刷中）.

湯川進太郎,日比野桂（2003）怒り経験とその鎮静化過程. 心理学研究 74 ; 428-436.

[特集] 怒りとはなにか？——攻撃性と向き合う

怒りと「和解」する
事態の進行を追いながら

森 茂起 Shigeyuki Mori

甲南大学文学部

I　序

　おそらくは，怒りを原動力とする大事件を受けての特集であろう。その一つは，プーチン大統領の怒りであり，もう一つは安倍元首相を殺害した山上徹也の怒りである。2022 年に勃発したこの二つの出来事は，一方は大国の指導者，他方はあらゆる点で無力な一個人と，二人の立場にめまいがするほど隔たりがあるが，怒りの起源をたどると，いずれも過去の戦争で行われた蛮行まで視野に入ってくる。

　起源だけでなく，爆発にいたるまでの両事象のプロセスにも共通点があるように見える。つまり，自らが理不尽な状況に追い込まれているという認知を持ち，その事態への怒りを抱えているが，事態を改善するために暴力以外の道を見いだせないという状況にあり，その状況がさらに悪化していくという強い感覚があり，それぞれに「今しかない」という判断をもって，行動への意思決定にいたる心理的プロセスがある。

　「和解」という言葉は，普通，何らかの対立状態にある当事者間で行われるものを指す。その場合，怒りの持ち主と怒りを向けられる者との問題になる。しかし，「怒りと和解する」という言葉は，

当事者間のそうした和解ではなく，個人のなかで，内的に，心理的に，怒りという感情とどう「和解」するかという課題を指し示している。

　怒りには，私が専門とする心理療法，特にトラウマ治療が取り組む四要素，つまり，知覚，認知，感情，身体反応のいずれもが働いている。怒りそのものは感情に属すが，他の三要素と絡み合って発生し，進行する。以下に触れるように，特に認知は，怒りを引き起こしもすれば抑制もする重要な要素である。内的な作業としての怒りとの和解は，自らの怒りと何らかの形で折り合いをつけ，外的攻撃に至らずにその怒りを鎮めることが一つの形であろう。

　さて，以下の議論でも，二つの重大な出来事を例として用いていくが，固有名詞を使うとあまりにもそれぞれの具体的内容の印象が強くなるため，以後は，P ないし Y を用いることにする。まず P の場合，彼が理不尽な状況と見なすものは，自らが地位的にも心理的にも同一化するロシアなるものが置かれた状況である。報道などから理解する限り，その状況は旧ソ連の崩壊以来長く続いてきたものであり，その状況が悪化し続けているという認知が彼にはあったはずである。Y の場合も，親の行為による苦難は少年時代に始まってお

り，その長い過程の果てに，経済的に破綻し，生きていくことができなくなる破滅が迫っているという感覚，認知があったと思われる。

　その怒りが一定限度を超えた後でもなお，怒りと「和解」し，行動化を回避する道筋がどこにあったのかと考えたとき，私は途方に暮れる。Yの場合，行為に移すチャンスがなかったり，銃弾が外れていたりすれば重大な事態に至らなかったことを考えると，怒りの暴発があの深刻な事態につながるまでには偶然も関与したと言える。しかし，そうした回避は「和解」ではない。ここで考えたいのは，それほどまでの怒りと「和解」できるのか，という問いである。この二つの出来事に関する国際関係上の，あるいは政治上のさまざまについてここで考えることはできないし，そのための正確な知識も私には欠けている。だが，未然に防ぐことはできなかったのか，という重い問いを前にして，二つの出来事を念頭に置きつつ，心理的プロセスに絞りながら怒りとその行動化について考えてみたい。

II　「踏み越え」の観点から

　ここまで書いてきたが，やはり何らかの導きの糸がないと難しい。ここで触れたいのは，中井久夫氏が議論し（中井，2004），私自身も若干の考察を加えたことのある（森，2020）「踏み越え（transgression）」の概念である。中井によれば，「踏み越え」とは「広く思考や情動を実行に移すこと」である。衝動が実行に移される過程を行動論的に一般的に語るための概念で，「些細な買い物」から「戦争」まで広範な現象を視野に入れている。そのスペクトラムの一方の端に位置するか少なくとも端に近い，二つの出来事のようなものだけでなく，日常生活で宣伝文句に惹かれて商品に手を伸ばすかどうか，という些細な行動にも同じメカニズムを見るところに，「踏み越え」の概念の特徴がある。買い物の例に明らかなように，踏み越えを促すのは，決して怒りばかりではない。買い物であれば，所有欲にせよ，食欲にせよ，何

らかの欲求がそれを促している。Pの場合には自らが信ずる国の形への欲求が強く働いている。その欲求が先にあり，それが妨げられたことによって怒りが行動の踏み越えを促した。Yの場合は，欲求よりは，当然守られるはずのものを奪われた被害による怒りが主要因であろう。

　中井氏は，思考や情動の起源よりは「踏み越え」のメカニズムを問題にし，思考や情動を行動に移しやすくする「易化要因」を13個挙げている。行動に移せば問題を引き起こす思考や情動があっても，通常そこには障壁があって，行動に移されないまま時間経過によってそれら——本稿の主題で言えば怒り——が変化することが多い。易化要因の増加，増強ができれば，「踏み越え」を減らすことができるという実践的関心がそこにある。

　そのうちいくつかを挙げると，尊敬できる人の不在，あるいは家族・先人・友人などが「踏み越える」ところを見てきた経験（要因2）や，行動を共にする仲間の存在（要因8）などの社会的環境がある。「手段が卑近なところにあること」（要因4）のような外的ないし物理的要因もある。個人の内部にあるもの，つまり個人心理学的な側面に注目すると，「倫理的障壁の低下」（要因1），「抑制されつづけてきた自己破壊衝動」（要因10），「自尊心の低さと弱さ」（要因12）がある。倫理的障壁は，認知に属する要素のように見えるが，中井氏は，それが「ほとんど生理的」なものであるとしている（例：立ち小便）。

　これらと「怒り」の関係を考えてみよう。「自己破壊衝動」が抑制されつづけてきた場合を中井氏は，「いい子」「努力家」という言葉を使って説明している。Pを「いい子」と呼ぶのは躊躇われるが，自己が所属するものや価値観を真面目に守りつづけてきたという意味では，確かにその面がある。Yはさらに一般的な意味で「いい子」であったのではないか。この側面を私なりの理解に展開すると，「いい子」は自堕落な傾向に陥らず，真面目に努力を重ねるが，その過程ですでに，自己の別の部分（快楽に耽りたい自分，適当にしたい

自分, 等々)を破壊しているかもしれない。つまり, 自己破壊衝動の抑制とも, その衝動を自己の一部分に向けた状態とも理解することができる。自己の価値観と目標に従った自己抑制であれば, むしろ大きな願望の充足のための努力であって「破壊」という言葉は相応しくないが, 目標に誤りがあったり, 方法論的に目標に近づかないような努力が重ねられたりしていれば, 「自己破壊的」と言える。P, Y のいずれの場合にも,「いい子」「努力家」が限界に達したときに起こす「踏み越え」という面が確かにありそうである。

「自尊心」と「怒り」との間には, 「自尊心の傷つき」から怒りが生まれるという関係もある。傷つきを引き起こした他者へ怒りが向けられての報復行為も, 自尊心が傷つかないよう強い自己を誇示するための行為も, 「踏み越え」である。傷つきとの関係で言えば, 自尊心が「低く弱い」場合に傷つきやすいという関係と, 逆に「傷つき」の蓄積によって自尊心が低く弱い状態になっているという逆方向の関係も考えることができる。

「倫理的障壁」に「生理的」な要素があるのは, 倫理観の起源にトイレットトレーニングを通して身につく清潔感があることを考えれば, 当然かもしれない。しかし, 年齢を重ねるに従って, 清潔感から善悪へ焦点が移り, より抽象的な倫理観を身につけていくと, 生理的要素が自覚されにくくなる。中井氏が取り上げたのは,「踏み越える」ことを抑制するような倫理観のことだが, P と Y という二つの例では, むしろ, 二人それぞれが持つ倫理観からして許されない行為を他者がした(と感じとった)ことが怒りを引き起こしている。Y の場合は, その後の報道などから見て, 確かに他者の側に倫理的問題があり, 彼の怒りには正当性があるように思える。問題は, その怒りから行為への「踏み越え」の部分である。Y の目から見れば, 他者が倫理的障壁を先に越えていたことが, 自身が越えることへの障壁を大幅に下げたであろう。

III　「怒り」との和解

先に, 「和解」の一つの形を, 「外的攻撃に至らずにその怒りを鎮める」と表現してみた。その一つの道は, 他者への怒りをいかにコントロールするかという, いわゆるアンガーマネジメントである。怒りを感じたときに 6 秒待つといった, 生理的反応に振り回されないための対処法が推奨されており, それは確かに有効である。その目標は, 怒りの表出を止めることではなく, 習慣化した怒り反応によって状況が悪化することを避けながら, 怒りの表出が適切な場面では, 自己のコントロールのもとでそれを表現することにある。怒りのコントロールが上達すれば, 自尊心の向上も期待でき, 不適切な怒りを誘発される場面が減少するという好循環が起こる。

しかし, 本論が念頭に置いている例のような怒りは, 個々の場面で引き起こされる偶発的なものというより, 長い年月をかけて進行した特定の状況に対する持続的な怒りである。彼らの怒りには理由があり, その理由は彼ら自身の認知に裏付けられ, 彼らにとっての現実に基づいている。とすれば, その現実, その理由に変化がなければ, 怒りは鎮まらない。必要なのはアンガーマネジメントではなく, 怒りの起源の理解と対応である。

Y の場合を考えると, 行為はともかく, 怒り自体は正当なものだろう。だとすれば, 怒りの元となっている被害に対応できる別の方法を見出すことによってしか「和解」に到達できない。多くの被害者がそうしたように, 被害者支援に取り組んでいる団体などに相談し, 個人の力によらず, 同じ立場の人々との連携を通じて, 集団によって解決策を探ることができていれば, 結果は異なったであろう。

中井氏は, 「踏み越え」の対概念を「踏みとどまり」としているが, 多くの場合, 踏みとどまるのみでは解決に至らず, 「別路の発見」が必要である。先に引用した要因 2, 8 のような, 社会的環境によって建設的行動を共にする仲間の発見が

求められるし，発見・救出される「手段が卑近なところにあること」（要因4）も必要である。彼同様の被害に苦しむ人々が多数あることが——被害者支援に携わってきた方々からすれば遅きに失した感が強いだろうが——広く知られた現在では，孤立した被害者が助けを求めやすくなっているだろう。みずからの行為に対する責めは Y が受けねばならないが，適切な助けを求めることができなかったのは，Y の責任ではなく社会的資源の問題である。言い方を換えれば，個人の責任のままに置いておけば，ほかにも怒りの暴発による事件が発生するリスクが高まる。

　P の場合は，歴史，政治，国際関係が複雑に絡み合うために，どうあればよかったかという判断はここでの議論の範囲を越える。しかし，どのような理由であれ，個人の怒りと，その怒りを重要な行為に移すことができるような体制があるという危険，そして要因4に対応するが，核兵器の使用という究極の「踏み越え」が可能な立場にあることの恐ろしさを感じずにはいられない。

Ⅳ　和解と希望

　この考察から見えてきたのは，個人の「踏み越え」が，社会全体，あるいは地球全体を巻き込みかねない重大な結果に直結している現在の状況で

ある。自分が正しいと考えるものが脅かされたときの「怒り」は，多くの人が正しいと考えるものの実現に貢献することもある，生産的，創造的な感情である。しかし，正しいと考えるものが異なる個人や集団の間で怒りの相互作用が発生すると，甚大な悲劇を招き，それを防ぐためには，正しいと考えるものの間における調整，議論，対話といった根気強い作業が必要となる。他方で，対話の当事者には，恐ろしいエスカレーションを引き起こしかねない怒りに駆られた言葉や行為への「踏み越え」を回避するためのアンガーマネジメントも期待される。それは，「和解」といった言葉で表現できるような到達点ではなく，長い過程を歩むための技術である。

　「怒りとの『和解』」という本論の主題には到達しなかったかもしれないが，短絡的な行動化を回避しながら，怒りの根源と怒りを取り巻く構造的な問題の解消のための長い過程を歩めば，その先に「和解」があるかもしれない——この希望で本稿を終えたい。

▶ 文献
森茂起（2020）戦争における「踏み越え」について．トラウマティック・ストレス 18-1；1-9.
中井久夫（2004）「踏み越え」について．In：徴候・記憶・外傷．みすず書房，pp.304-328.

[特集] 怒りとはなにか？——攻撃性と向き合う

怒りを吐露する

毛利真弓 Mayumi Mori

同志社大学心理学部

　吐露とは，心の中にあるものを隠さず打ち明けることである。怒りを隠さず打ち明ければ何かが変わるのだろうか，そもそも人は怒り以外の感情も隠さず打ち明けてやり取りする経験をどれだけ積んでいるだろうか——そんな疑問がまず湧いてきた。

Ⅰ　感情や考えを分かち合うという前提

　筆者が以前勤めていた刑務所の男性受刑者たちに「感情とは？」と聞くと「要らないもの」という答えが返ってくることが多かった。ポジティブな感情はまだいいが，ネガティブな感情はトラブルの元なのでいっそのこと要らないのだという。並行して，専門家スタッフトレーニングをすると，対人援助の専門家であるというアイデンティティにこだわる人ほど，自分の感情を表現することにおそれがあることも感じた。あからさまな感情表現をするのははしたない，感情を出すことは人に迷惑をかけるのだという。感情を表に出さないことが善であり是であるという顔をして，専門家という硬い鎧の中で相手から自分が見透かされないように身を守り，クライエントの気持ちだけを聞いて自分の本当の気持ちを隠しているとも言えよう。加えて SST やアサーショントレーニングの

現場では，本来の対等な 2 人の人間同士のコミュニケーションであるという前提がどこかへ行き，「どうやってうまく断るか」とか「どうやって自分の苦手な人と話すか」といった観点が強く，気持ちや考えを伝えるのではなく，「角を立てない」「そつなくふるまう」という，自分だけが工夫して何とかその場を収める練習になっている場面も見かける。

　これらの例に共通するのは，どの場合も，当事者である（2 人の）者同士で感情や考えを分かち合うことで物事を解決するという前提がすっぽり抜けていることである。当の人間や問題にきちんと向き合い，自分の考えや感情を伝え，相手のものを聞けばいいのに，折り合いをつけられなさそうだと思った瞬間語ることをやめ，何とか向き合わずにいる方法を考えている。我々は意外と，直接人や問題に向き合って感情や考えを分かち合う準備ができていないのかもしれない。

　先日知人がスーパービジョンの一場面のことを話してくれた。加害者対象の SST で「悪い誘いを断る」という場面設定をし，みんなが断る言い訳を頭をひねって考えていたので，その知人が「嫌なものは嫌で終わり，理由なんか言わなくてもいい」とアドバイスしたらみんなが苦笑したらし

い。読者はこのアドバイスをどう思われるだろうか。もちろんうまく言えればそれに越したことはない。しかし大切なのは自分の気持ちを伝えることであって，嫌なら「嫌だ」「行きたくない」と言えばいいのである。嫌だと言われてどうするかは相手が考えることであって，感情表現する方が相手が納得できるようにしてあげる必要はない。このことをわかっているかどうかは，本稿のテーマである「怒りの吐露」に関して，何を吐露することが変化や癒しにつながるのか，どう聞くことが良いのかという前提に関わる。つまり怒りの中にある本当の気持ちを表現できなければいくら話しても意味がない，怒りを何とか収めていくのは本人の責任と力なのだ（支援者はその力を支えるだけ），「あなたの怒りはあなたのもの（あなたはあなた，私は私）」という構えでいないと，適当にその場を収めるにとどまってしまい，同じようなことでまたクライエントは怒りをコントロールできなくなる。筆者が勤めていた刑務所内の治療共同体（生活もグループも共にし，生活そのものも治療手段としながら，自分の加害や被害について語り成長をしていく手法）のメンバーで再犯をしていない人たちに，出所後インタビューをしたことがある。そこでよく耳にしたのは「家族から『よく話すようになった』と言われた」ということ，そして「これまで黙っていたことを伝えるようにしたら家族もちゃんと気持ちを話してくれて，喧嘩やトラブルはもちろんあるが，解決に向かえるようになったし，物事は話し合えば解決できることがたくさんあるとわかってきた」という話であった。語り合える実践力というのは，偉大である。

II　何を吐露できるとよいのか

筆者は非行少年や受講者と一緒に怒りの感情を考えるときには「怒りの氷山」（カーン，2009）というワークをよく使う。怒りは海上に見えている氷山の先端のようなもので，その下には何十倍もの氷があり，実はそこに，本当の気持ちが隠れ

ているという比喩を使って，「怒りの下にはどんな気持ちがあっただろう」と，本当の気持ちをあぶりだしていく方法である。多くは，「馬鹿にされた感じがした」「劣等感を刺激された」「ふがいない感じ」「無力感」など，自分が受け入れられないネガティブな気持ちを感じていたこと，そしてそれを感じないようにするために怒りの感情に変えていたことに気づく。共感して聞いてもらったことで冷静さを取り戻し，次第に怒りを収めていける健康的な人を除き，感情の問題があるクライエントに対して，怒りについて延々聞いて共感していてもあまり発展性はない。共感を示しつつ，「ほかの人なら激怒しないことに，なぜあなたはそこまで怒っているのか考えましょう」と導入して，一緒に探究して掘り下げていくことが必要である。

時に，掘り下げていくのが難しい人もいる。自身の感情を感知し，それに言葉を与え，人に伝える力（エモーショナル・リテラシ）は，畑を耕して種を植えて作物を育てるように，もしくは筋肉を鍛えていくように長期間かけて養っていくものである。時折そうした人にむやみに「感情のカード」を使ったり，日々の気持ちを言葉にする宿題を出したりして「感情表現の語彙をノーマル水準にする無理強い」しているセラピストを見ることがある。だが本来，本人のペースに合わせて，そして本人独特の感覚（掌が熱くなるといった身体感覚，「グリグリ」のような独自の表現でもよい）を聞き取って，感知する能力から高めていく働きかけが必要である。

前述の受刑者へのインタビュー調査でも，こうしたプロセスを語ってくれた人が複数いた。DV家庭で育ち，格闘技を覚えて強くなることで身を守ってきたAさんは，長い間父よりも要領が悪く殴られる母が悪いと思っていて，殴られても自分が悪かっただけで平気だと思っていた（感情の筋肉がなかった）。だが，毎回話をするときにはなぜか汗が吹き出し，でもそれにも耐えて話をするうちに，悪いのは母ではないことにも思い至

り，父のことも最初は「怖い人」だったイメージがだんだん「可哀そうな人だったんだな」と変容し，最終的には「自分にはとても嫌なことだったんだ」と腑に落ちる体験をしたと語ってくれた。「話しながら思い出すし感情もよみがえってつらいけど，出してしまうと『ふうっ』とすっきりする。1回出すと次も出せる」とのことである。彼の怒りは暴力よりも家族に対する沈黙という形で表現されていたが，弱さを否認して強い自分でい続けようとして無理がたたりそれが犯罪につながった。このことを内省し，出所後は母や妻とよくコミュニケーションをとるようになって生き方も変わったとも述べていた。

III　怒りに絆創膏を貼る

　怒りについて話してもらうときに，扱いづらい場面がある。それはクライエント自身が激しい怒りの真っただ中にいたり，セラピーの「今，この場」やセラピストに対して何か怒っていたりする場合である。多くの一般的な人たちは，そして専門家という職種を選んだ人は特に，自分に対して怒りを向けられることや，怒りの感情をぶちまけられることに非常に弱い。そして自分が悪かったのではないかと思ってしまう。怒りを表現された場面で行いがちなのは，「そんな風に感じたんですね」「正直に言ってくださってありがとうございます」などと優しい言葉で伝えながらその場を収めようとなだめてしまう，いわば「絆創膏を貼ってしまう」ことである。本当は怒りに圧倒されているのはセラピストであり，いち早く逃げたいのである。本人は丁寧に聞いてもらって丁重に扱われるのでそれで「許してやる」といった態度になって収まることが多いのだが，「怒りの氷山の下に何があるか」「何に本当に傷ついたのか」がわからないまま蓋をし，怒りを表現すれば言い分を聞いてもらえるという学習をしてしまう。前述の「あなたの怒りはあなたのもの」という前提を実践できていれば，「怒ったのはあなた，私や私たちが悪いわけではない」という姿勢で臨める。（勝手に）怒っ

ているのはそちらです，という境界線を引くことができれば，怒りの感情やその圧に惑わされず，「本当は何を伝えたいのですか」「何に本当は怒っているのですか」と動じず尋ねていくことができる。

　「絆創膏を貼る」が，河で溺れて叫んでいる人に必死で浮き輪を投げ与えるようなものであるとしたら，境界線を引いてかかわる方法は「そこは水深が低いから足がつくよ」「溺れてないよ」と冷静にその人が置かれた状況を伝えるといったところだろうか。怒りにあてられたり気圧されたりしていたら，クライエントは本当の気持ちにたどり着けず，自らが作った架空の怒りの川で溺れていく。

IV　自己憐憫と被害者のふり

　怒りの下にある感情を探っていくと，本当の気持ちがわかってきたことで落ち着いていくクライエントもいるが，時に袋小路に突き当たることがある。その際には自己憐憫や被害者のふりがキーワードになると思っている。

　筆者の限られた経験になるが，多くの加害者は，心の中で自分は被害者だと思っている（「自分は被害者」という観念の中にいる）のではないかと感じる。それは，ひどい虐待の被害者というような共感できる感覚から，妻や子どもに尽くし続けて（本当は尽くしていなくても）自分は犠牲になっているとか，何をやってもうまくいかないから自分は社会の犠牲者だといった，すぐには共感しづらいものまでさまざまなものがある。解決できない，うまくいかないことに対して「自分はこんなに頑張っているのに」「報われない」という自己憐憫によって自分を慰め，怒りを正当化していくことは楽である。同じような人は，司法領域以外にもいるだろう。「親がこうだったから」「職場でこう言われた」と恨み言を言う相手を変えながらずっと「可哀そうな自分」にとどまり，カウンセリングを渡り歩くような人たちである。直接的に誰かに恨みを抱いたり攻撃を仕掛けたりする人も

いれば，怒りを爆発させなくても，根強い恨みや不遇感のような形で沈着させていく人もいる。

思い通りにならなかった人生に言い訳と意味を付ける方法として，自己憐憫と被害者のふりは，魔力を持っている。なぜなら不幸な現実を受け止め解決に導けない自分のふがいなさに向き合わなくて済むからである。このような人には，ゆっくり話を聞いて本人の視点でのストーリーにも共感しつつ，セラピストが感じたことを率直に伝えて自己憐憫のサイクルから脱していくのをサポートする必要がある。これらは臨床面接で教わるような「解釈」「自己開示」に類似するであろう。率直と言っても「うじうじしてますね」という批判や，「それは正しいと思わない」「普通こう考える」などと言う「べき論」ではなく，「とても息苦しい生き方のように感じました」と感覚を伝えたり，「私だったらこう考えると思いますけど，○○と考えるのはどういう理由からですか」と客観視を促したり，「○○さんのお話を聴いていると自分がかわいそうで，誰か加害者がいるという話が多いように感じます」という直面化を含む解釈などである。ここで重要なのは冒頭に述べた，「あなたはあなた，私は私」という対等な2人の人間として，自分の考えや感情を伝える，受け止める，折り合いをつけていくという考えである。クライエントを尊重しすぎても抜け出せない，セラピストの感情や考えを押し付けてもダメ，だからこそいろいろな意見を出してすり合わせていく中で，結果として被害者感覚や自己憐憫に気づき，抜け出していくことを目指す。これは，「受け止めてもらう」「聴いてもらう」だけでは実現しない。

インタビュー調査に協力してくれたBさんは，差別と貧困の中で育ち，親が毎日けんかしているために家に寄り付かず，高校中退後は暴力団関係者の知人を頼って犯罪で生計を立て，自身も覚せい剤乱用を続けていた人だった。刑務所内のグループで座っていたときのBさんは対人不信全開で，何かを言えば被害的にとらえ，おかれた立場の不平を言い続けていた。しかし，出所後のB

さんは犯罪はしていないことはもちろんのこと，大学に通い勉強をし，貧困家庭の子どもを支援したいという。何が変化のきっかけだったかを尋ねると，刑務所内で職員たちが横文字を使って何かポジティブな変化の話をしているときは，正直何を言っているかわからなかったし，「こいつら絶対そのうちぼろが出る」と思っていたが，出所後いろいろ考えているうちに，職員から「（本人の記憶によるもので，実際このような厳しい言い方はしていないのだが）社会の被害者やっておもっとったらあかん」と言われたことを思い出し，いつも「なんで俺だけやねん」「どうせ俺の目標はかなえられへん」と思って自分から投げ出していたと内省したとのことであった。彼の変化には出所後の親との関係変化も影響はしているのだが，しつこく職員が言い続けることがこうして芽を出すこともあるのだと実感した記憶がある。

Ⅴ　何とかできることより，抱えられるようになること

怒りをどうしていくかについてよく見かけるアドバイスであり，クライエントも期待するのは「怒りをなくす」ことである。ひとつは怒りを昇華させる方向に話を持っていくこと，もうひとつは認知（行動）療法の考え方を心理教育し，考え方を変えることで怒りの感情をなくし，ネガティブな行動を減らすというものである。いずれも悪いことではないし，それで怒りが何とかなる人にはとても良いと思うが，クライエントの怒りの性質や能力を見誤ると，壮大な否認（自分で自分の感情を何とかする責任を免除し，否定的感情を見ないようにし続ける）に加担することになるため注意が必要である。また，非行・犯罪をする人たちの中には，ネガティブな感情を払拭するために（否認の結果として）犯罪行為に至ったり，否認する行為の果てに立ち行かなくなって犯罪に至ったりする人も多い。どうにもならないものを努力や根性，ポジティブ発想などで人工的に何とかしようとするのは，行き過ぎると不健康でもある。

こうしたこと以上に重要なのは，「怒り（を含む）ネガティブな感情を抱える力」だと筆者は考えている。あいまいさに耐えるとか，解決しないことに耐えるといったことにも共通するし，自助グループでよく唱和される——「変えられないことと変えられることを見分け，変えられないことを受け入れる落ち着き」に相当するだろう。ここで必要なのがセラピスト（や仲間）の存在である。最初は自分でも強い否定的感情を抱いていることに気付かないが，怒りを含むさまざまな感情を吐き出すことで，一度否認が解けて感情はぐっと重くなる。そこに耐え，これまでのように否認したり投げ出したくなる気持ちを語り，それをセラピストが支え，励ます。この作業を繰り返していくうちに，しなやかな感情の筋肉が育ち，否定的な感情を抱えることができるようになるのである。

インタビュー調査に協力してくれたＣさんは，父の記憶がなく（罪を犯して刑務所に行ったことだけは聞かされた），18歳で母親が妹だけを連れて家を出てしまい，未成年時からその日暮らしで生活していたが，30代に入り生活に困窮して強盗におよんだ。彼は刑務所のグループで筆者に対して，自分が持ってきてほしいものを持ってきてくれなかったとして怒りを爆発させ，懲罰という形で他のグループに移動になったのだが，その後出会った彼は別人のように穏やかに変わっていた。彼は「懲罰（処分）になった後に，必死で考えました。母親に捨てられた気持ちを考えないようにして，自分は何とかやっていくんだという気持ちで生きてきたので，人のどろどろしたところを受け入れられず刑務所の人間関係に辟易してい

て，そこに自分の期待に沿った行動をしてくれなかった職員（筆者）を見て，こんなに頑張っているのに認められないって思って爆発したんだと思います。でもその日暮らしも，人への期待も，全部自分の行動や考えであって誰のせいでもないし，自分の中にどこかで『親に捨てられた』『親父がいないから』という気持ちがあったことに気付いた。いいことも悪いことも自分の責任だと思えるようになったら，母親のことも受け入れられたし，一歩引いて考えられるようになりました」と述懐した。彼は「抱える」という言葉は使っていないが，否定的な気持ちを努力と根性で払拭することよりも，「すべての結果は自分が動いた結果，全部自分で責任を取ろう」と自分の感情を自分で引き取る腹をくくった時点で大きく変化したと思われる。

Ⅵ　少し上達した先輩になる

何事も自分より少し上達している人に学ぶのが一番である。怒りの吐露に関しても然りである。ここで書いたようなことをクライエントに実践していくためには，セラピスト自身が怒りをはじめとするネガティブな感情を，生身の相手と「直接，言葉で」やり取りすることに慣れていくこと，その努力を続けることが必要であろう。

▶文献

藤岡淳子 編著（2019）治療共同体実践ガイド—トラウマティックな共同体から回復の共同体へ．金剛出版．

ティモシー・カーン［藤岡淳子 監訳］（2009）回復への道のり—パスウェイズ［性問題行動のある思春期少年少女のために］．誠信書房．

[特集] 怒りとはなにか？——攻撃性と向き合う

怒りと治療文化

森岡正芳 Masayoshi Morioka

立命館大学

本誌増刊第 13 号『治療文化の考古学（アルケオロジー）』のテーマのひとつは情動論的転回にあった（森岡, 2021）。治療文化という観点は，多様な臨床の場でひそかに行われていることを見直し，それまでは見えなかった心的世界と構造に接近するものである。ここで，「怒り」という情動について，この観点から若干の検討を行ってみたい。

I　アフェクトする・される

さて，情動が人文社会科学の現況において，なぜ注目されるのだろうか。

ある人の姿を見て胸がキュンとなる。そのとき，目指すその人の姿，顔かたちは空間の中から際立った輪郭をもって迫ってくるであろう。その人を囲む景色も色合いが変化する。アフェクトされるとはこういうことだろう。そしてこちらも実は相手にアフェクトしている。

情動・アフェクト（affect）は，人と人，人と物との影響関係のことをさす。環境世界と私との間で起きていることを理解するのに，情動・アフェクトに注目することは欠かせない。一方，情動は言語的に捉えがたい。データとしてデジタルコード化しにくい。そもそも対象化しにくい。なぜならば，アフェクトが動く世界は，観察する側もア

フェクトされていて，その状態と状況を排してとらえようとすると，その瞬間アフェクトは変質してしまい，存在そのものが互いにアフェクトし合うからである。

情動の世界に接近するには，特定の手法では事足りない。情動論的転回が現代の諸科学で話題になるのは，根本的に方法論や観点を見直すことが迫られるからである。またそこにあらたな可能性を見出しうる期待も含まれている。情動は心身の変様そのものである。そしてそれは環境との関係でつねに変動する。人は自らを取り巻くさまざまな事物にアフェクト（情動・感化・触発）され，人はまたそれらにアフェクトする。人を世界との関係存在としてとらえる観点が諸科学の転回を促している。情動の変化プロセスは，神経科学的基盤を客観指標として把握しうる。それはしかし，限定的である。情動・アフェクトはその伝播性という特徴から，時間と空間の位置を特定できない。個体内にも環境世界にも局在化できないという性質のものである。そして認知的なものと情動的なものとは区分できないような共通基盤がある。そういう意味で情動は，現実に含まれている潜勢性，可能性を示すのではないか。このような問題が提起される。

存在そのものをアフェクトの相においてとらえるにあたって，多種多様のアート媒体が導入されるのは必然である。音楽は何より情動を刺激しアフェクトの世界をその場に作り上げる。絵画造形，ドラマやダンスはすべて，人と人のあいだに感情の形（Langer, 1953）を作り出すものである。

II　怒りというアフェクト

アフェクトする・される関係といっても，当然のことながら，それほど調和的なものばかりではない。特に怒りという情動は扱いに余る。怒りを覚える当人だけでなく，周りの人たち，その人を取り巻く環境そのものを怒りという情動の渦に巻き込む。怒りは，面に出さないで堪えると，自らを苛む方に転化する。怒りとの付き合いに人はみな苦しんできた。怒りを触発する要因が何かということが，あらかじめわかっていても，いざその対処となると思うようにはかどらない。怒りは心の底に潜伏する。自然な感情の動きを封じ込め，内面に秘める。このアフェクトは現実の知覚を歪める。サイコセラピーや心理支援場面では，理不尽な制御しがたい情動に苦しみ，苛まされる方々が来室される。一方で自己感情が不確かで，現実感に乏しい。生きづらさの背景にそのような自己不確実感をかかえている人もいる。情動のコントロールこそ，心理療法の種々の技法を生む起点になったことは確かである。

情動は，明示的なものと暗黙的なものとに大きく分けることができる（Siegel, 2012）。明示的な情動は，意識的な覚醒を伴い，特定の時間，場所，文脈と関連する。一方，暗黙の情動は，意識の外で作用する。その強度によっては，記憶保持されず，混乱が長引く。その事態に適切なストーリーが与えられない。首尾一貫した理解に至ることがない。怒りという情動は明示的なものであっても，経験知で何とか処理することができればよいが，怒りを覚えたその場面よりも後になって怒りがさらにいや増すこともある。後味の悪い未処理の感情が残る。怒りのやり過ごし方には誰もが苦労している。

情動は生物学的，神経科学的基盤があり，身体と緊密に結びついている。怒りの身体的反応は特に顕著である。怒りの瞬間，心拍数の急上昇，血管の収縮，顔面の硬直，眼の吊り上がり，眉間のしわ，手足の震え，種々の内臓反応が伴う。怒りの情動に，身体の多くの部位が動く。このような身体の特異な反応を鎮めることで，自然と情動は収まるのだろうか。人はそれぞれ生活の中で工夫してきた。かっとなったとき，頭を冷やすとはよく言ったものである。怒りは情動の中でも身体の変化が明確にキャッチされ，自覚される特徴がある。

情動は身体の変様でもある。もし怒りの身体反応を忠実に自らに作り出せば，それはそのまま怒りの情動となるだろうか。俳優たちの修業が参考になる。台本に描かれた場面とコンテクストを理解する。怒りが生じる場面を演じるとき，怒りの情動を俳優たちはどのように作り出すのだろうか。言葉と動作，ふるまいに即応して情動が伴っている。身体の変様をよく感受すると，怒りがふつふつわいてくる。言葉と行為が一体となった演技が実現するとき，そのアフェクトは観客を引き込む。心に生じていることは身体にも生じている，逆も然りである。

しかし，その怒りは舞台が幕を閉じると，消えていく。現実生活ではそうはいかない。怒りの感情はずっと残ることがある。潜伏する。心ひそかにつぶやく言葉で人は何とか自分を支えて生きている。外からはそうと気がつかない。心の中でつぶやいている限り，その言葉がどのようなものであるかについては推しはかるしかない。

III　分類と層化

情動を分類する。心理学でも基本情動を5つないし7つに分け，理論化している。怒りは種々ある情動の基本分類に必ずあげられる主要な情動のひとつである。心の動きを分類し，区分けするにあたって，仏教における心の分析は圧巻である。

仏教では心を煩悩と執着の産物とし，最終的に行を通じて心の動きの鎮静を経て空に至ろうとする。煩悩は，10の大煩悩をはじめとして108を数える。大煩悩のひとつは怒り，瞋恚である。「瞋恚の炎」という詞で，能楽の修羅物などで頻出する。

　さらに，仏教各宗派で心の現象をとらえる単位はより精密に細分化され，さまざまな解釈・分類を行った結果，煩悩の総数は811まで数えられる（井上ほか，2012）。心の探求に関わる執念を感じる。こんな細かいことを仏教徒たちはよく行ったものだ。それ自体が修行のひとつだろう。いいかえると行の最中でも移ろいゆく心の定めなさに，修行僧も苦悩したということだ。そうやすやすとは制御できぬ想念の動きがいかに人を苦しめるかがわかる。

　一方，分類という心の営みそのものが，煩悩を鎮め平静を取り戻すことにつながるのかもしれない。自分を苦しめる得体の知れぬ情動が，分類項目のひとつにおさまると元の強度は変化する。情動に言葉が与えられるということであり，それによって，心の空間のどこかにある引き出しにしまっておくことができる。そして分類識別するという心の働きそのものも苦しみを生むので，最終的にはそこから離れる。

　情動を水平的に分類するだけでなく，いくつかのレベルを設定し構造化するのが必要かもしれない。情動は一見，個体内（bodily）で生じるレベルのものと認識されやすい。しかし，自己が現実と接触するときに触発されるのが情動である。コロナ禍という新たな環境に否が応でも引きずりこまれた私たちの直面する現実，そこに接触したときに生じる情動，たとえば，恐れと不安，他者への忌避感情は直接的である。これは人々の間で浸透し，感染してくるという意味で，前個人的（pre-personal）レベルの情動である。

　一方，情動は文化的な影響を受け，人々の間で，文脈の中で，ある情動体験として名づけられる。情動が体験として構成される社会的（social）レベルがある。そして名づけ方によっては，新たな体験として，自分以外の人々に受け入れられる形で再構成することができる。文化の智慧はここに接続する。その知恵を介して，情動は個人的な（personal）無比のレベルの体験として再び自分に戻る。個人のライフストーリーの中にその体験が位置づけられ，意味がわかってくる。これは伝記的（biographical）な情動体験である。

VI　自己知をもたらす情動

　層構造的なシークエンスを設定すると，情動体験が自己認識を深め，自己の成長を支えるものでもあることがわかる。どのような助けがあれば可能だろうか。

　「いはんすべせんすべしらぬ歌こそ思へば道のしるべ也けれ」と詠じた国学者・富士谷御杖（1768-1823）は，世の中の道理の通らない理不尽さに憤りを感じる人だったようだ（三宅，1979）。本誌増刊第12号（森岡，2020）でもふれたが，一向心（ひたぶるこころ）すなわち内に込められ鬱屈した情動は，歌を詠むことによって緩和するという。「我身のうちに為を促す鬱情」を「言のうちに活す」ことで，身を責め，時宜すなわち物事のしかるべき時期の熟することを見失ってしまうことから免れる。なぜ歌にそういう力があるのかというと，歌には一定の形式，リズムがあり，その形の上に鬱情がイメージ化，象徴化されるからであろう。富士谷御杖よりさらに後年，民俗学者にして歌人・折口信夫（1887-1953）も，憤る心を持て余していたようだ。「ひとりのみ憤りけり。ほがらかに，あへばすなはち もの言う人」（折口，1925/1997）。その思いを歌に寄せ，何とかしのいでいる（木村，2008）。

　怒り，恐怖など強い情動は，人の言語行為そのものをブロックし，解体してくる。その体験をまとまった意味のあるものとしてとらえるには，情動を入れる容器，形と，行為を推進するリズムが必要である。怒りが内面に潜行すると，もやもやとしたわけのわからない情動へと転化し潜む。ま

だ心に十分に消化できない出来事をも形にできる。それは特に歌でなくとも，文化集団が培ってきたさまざまな学び，音曲，絵画，書や舞踊，料理作法などが，心への配慮の仕方を伝えてきたように思う。

　それらは，生(なま)の情動を受け取り体験として形作る心内空間を広げるのに，一役買うものである。身体的に感じられる意味とその変化を十分に感じ取れる体験の空間を作ることがかなえられれば，生々しい情動体験も鎮まり，むしろ自己の成長に役立つことがありうる。このような体験の成立する領域は心の中で特別な位置を占めている。またそのように加工され洗練された情動の表現は，それ自体が，他者との絆を作る。協働で課題に向かう方向へ人を動かすものとなる。怒りは時間を止め，空間を凍らせる力があるが，それはまた根底にある生の律動にまで降りて，回復への自助力（レジリアンス）を共に見すえる起動力にもなる。

▶文献

井上ウィマラ，葛西賢太，加藤博巳 編（2012）仏教心理学キーワード事典．春秋社．

木村純二（2008）折口信夫─いきどほる心．講談社．

Langer SK（1953）Feeling and Form : A Theory of Art. NY : Charles Scribner's Sons.

三宅清 編（1979）新編 富士谷御杖全集 第2巻．万葉集・随筆．思文閣．

森岡正芳（2020）心と文化．In：森岡正芳 編：治療は文化である（臨床心理学増刊第12号）．金剛出版，pp.2-7.

森岡正芳 編（2021）治療文化の考古学(アルケオロジー)（臨床心理学増刊第13号）．金剛出版．

折口信夫（1925/1997）海やまのあひだ・春のことぶれ．折口信夫全集24巻．中央公論社．

Siegel D（2012）The Developing Mind : How Relationships and the Brain Interact to Shape Who We Are（2nd Ed.）. NY : Guilford Press.

臨床心理学

Vol.22 No.6（通巻132号）［特集］ **ケアの声を聴く**

左の雑誌表紙部分：

★ 好評発売中 ★

✻ 欠号および各号の内容につきましては，弊社のホームページ（https://www.kongoshuppan.co.jp/）に詳細が載っております。ぜひご覧下さい。

◉ B5 判・平均150頁　◉ 隔月刊（奇数月10日発売）　◉ 本誌 1,760 円・増刊 2,640 円／年間定期購読料 13,200 円（10%税込）※年間定期購読のお申し込みに限り送料弊社負担

◉ お申し込み方法　書店注文カウンターにてお申し込み下さい。ご注文の際には係員に「2001 年創刊」と「書籍扱い」である旨，お申し伝え下さい。直送をご希望の方は，弊社営業部までご連絡下さい。

◉「富士山マガジンサービス」（雑誌のオンライン書店）にて新たに雑誌の月額払いサービスを開始いたしました。月額払いサービスは，雑誌を定期的にお届けし，配送した冊数分をその月ごとに請求するサービスです。月々のご精算のため支払負担が軽く，いつでも解約可能です。

Ψ 金剛出版
〒112-0005　東京都文京区水道1-5-16　URL https://www.kongoshuppan.co.jp/
Tel. 03-3815-6661　Fax. 03-3818-6848　e-mail eigyo@kongoshuppan.co.jp

原著論文

若手セラピストの心理療法における失敗
拒絶感情とその防衛

村井亮介 [1)] ・岩壁 茂 [2)]

1）旭川少年鑑別所
2）立命館大学総合心理学部

　本研究は，日本の臨床心理士の最も多い層の一つをなす若手の女性セラピストの心理療法における失敗に関連する内的体験に焦点を当て，若手セラピストから見た失敗のプロセスを明らかにすることを目的とした。そして，臨床経験が10年に満たない4名の女性セラピストから2事例ずつ募る形で得られた計8事例のインタビューデータを事例比較法とグラウンデッドセオリー法を組み合わせた方法を用いて分析した。その結果，失敗のプロセスは，｜拒絶感情｜，｜防衛反応｜，｜行き詰まり｜という連続する3つの段階からなることが示された。つまり，クライエントに対する【嫌悪】，【恐怖】，【怒り】という ｜拒絶感情｜ が起点となり，【回避】または【攻撃】という行動，【自己正当化】という認知を含む一連の ｜防衛反応｜ が引き起こされ，クライエントとの【接触遮断】または【パワーゲーム】が展開され，いずれも【無力感】を伴う ｜行き詰まり｜ の状態に至ることが見いだされた。

キーワード：若手セラピスト，心理療法における失敗，拒絶感情，質的研究，プロセス研究

臨床へのポイント ・・

- 若手セラピストの心理療法における失敗の背景には，クライエントに対する嫌悪等の拒絶感情，それに伴う回避的・攻撃的行動，それらの感情や行動を正当化する認知的操作のプロセスが関与していることが示唆される。

- 若手セラピストは，クライエントに対して拒絶感情を覚えたとき，その正当性を確証しようとするのではなく，自己の感情に開かれた態度を取りつつ，クライエントとの関係を作り直すよう努めることが求められる。

- 若手セラピストも熟練セラピストも，拒絶感情は誰もが体験し得るものと認識し，クライエントとの協働作業を有益なものとするために，セラピストの内的体験について，建設的に検討する風土を築くことが望まれる。

・・・

Japanese Journal of Clinical Psychology, 2023, Vol.23 No.1 ; 81-90
受理日——2022年5月9日

Ⅰ　問題と目的

　心理療法の効果研究に関するメタ分析によると，心理療法を受けたクライエント（以下，Clと略記）の約75％が臨床的に意義のある改善を見せる（Wampold, 2001）。その一方で，15％から25％のClは心理療法を受けても改善せず，5％から10％のClは心理療法を受けた結果として状態が悪化するという指摘もある（Lambert & Ogles, 2004）。すなわち，心理療法を受けても期待した効果を得られないClは約4割にも上る。これはClにとってもセラピスト（以下，Thと略記）にとっても望ましくない結果と言えるが，このように，ClとThの協働作業が奏効せず，失敗につながる事例においては，どのようなことが起こっているのであろうか。

　Safran & Muran（2000）は，主にClの視点からClとThの協働関係に着目し，その緊張や破綻を意味する「作業同盟の亀裂」（alliance rupture）が心理療法

の結果に悪影響を及ぼすことを指摘した。そして，作業同盟の亀裂は，Cl が自身の感情からも Th からも距離を取り，感情的な関わりを減退させていくという「退却型」（withdrawal）と Cl が怒りや不満の感情を Th に表すという「対決型」（confrontation）に大別されることを明らかにした。

一方，Th の視点からの研究として，Strupp（1980）は，「事例比較法」（case comparison method）の手法により，4 名の Th から成功事例と失敗事例を 1 事例ずつ募る形で集められた計 8 事例を比較した。その結果，失敗事例には，Cl が怒りを見せると，Th がそれまでの共感的な応答を減じたり，沈黙したりするなど，意図せずに怒りで応酬する「負の相補性」（negative complementarity）というコミュニケーションパターンがあることが明らかにされた。また，遠藤（1997，1998）は，熟練の Th を対象に，自身の「陰性感情」の取り扱いに困り，治療が行き詰まった場面と，その感情を取り扱うことで治療が展開した場面を比較し，陰性感情の取り扱いの成否には，「役割意識」，「手応え感」，「期待の現実性」，「援助動機の源泉」という Th の要因が大きく関わっていることを指摘した。加えて，自身の感情をうまく扱えていない場合には，応答の内容が画一的になることを明らかにした。

これらの先行研究の結果から，失敗の事例では，Cl と Th の間に非生産的で，硬直した相互作用が生じており，それを維持・強化する要因として，Th の否定的な感情反応が関与していることが認められる。しかし，Th の否定的な感情反応はどのような性質のものであるのか，それはどのようにして起こり，どのように扱われるのかといった Th の内的体験を詳細に把握することはできない。心理療法の発展や心理臨床家の成長にとって，失敗から学ぶことは不可欠であり（岩壁，2007），まだ十分に明らかにされていない失敗に関連する Th の内的体験を詳細に検討することは重要な課題と言える。

Th の失敗や成長に関連して，若手 Th は，自身の臨床的力量に関わる不安を抱きやすく（Theriault, Gazzola & Richardson, 2009），また，自意識が過剰になり Cl に対する共感的な関わりがおろそかになりやすい（村井・岩壁・杉岡，2013）ことが指摘されている。日本では，実務経験が 10 年未満の 20 歳代と 30 歳代の比較的若い世代の女性の臨床心理士の割合が高い（日本臨床心理士会，2020）ことも踏まえると，

失敗に関連する Th の内的体験を検討するに当たっては，少数の若手の女性 Th を対象とした探索的な研究から始めることが，日本の臨床実践や同種の研究の発展に役立つ知見を提示すると期待される。

このような観点から，本研究は，少数の若手の女性 Th の失敗に関連する内的体験，とりわけ，先行研究においてその重要性が認められてきたものの，その性質や機序についてはまだ十分に明らかにされていない Th の否定的な感情反応に焦点を当て，若手 Th から見た心理療法における失敗のプロセスを明らかにすることを目的とした。

なお，本研究では，心理療法における失敗を，治療関係の悪化，Cl の状態の悪化，心理療法の中断等を含めて，Th が失敗と捉えたものと定義する。

II　方法

1　研究方法の選択

本研究では，4 名の若手の女性 Th に対し，失敗の事例を 2 つ提供するように求め，当該事例における Th の内的体験に関するインタビュー調査を実施した。このようにして得られた計 8 事例のデータを事例比較法（Strupp, 1980 ; Iwakabe, 2011）とグラウンデッドセオリー法（岩壁，2010 ; Glasser & Strauss, 1967）を組み合わせた方法を用いて分析した。同一の Th による 2 事例の比較と 4 名の Th 間の比較を行うことにより，個々の Th と Cl の特徴を考慮しつつ，失敗に共通する要因を抽出しようと試みた。

2　研究協力者および研究対象事例

研究協力者（以下，協力者と略記）は 4 名の臨床心理士である。4 名は，大学院修士課程修了後約 2 年から 7 年の臨床経験を有する 20 代半ばから 30 代半ばの女性であり，医療領域において，心理療法を始めとする心理臨床の実務に従事していた。理論的オリエンテーションについては，精神分析的心理療法が 2 名，認知行動療法が 1 名，クライエント中心療法を主とする折衷的アプローチが 1 名であった。

協力者の募集は，著者らが所属する心理療法の研究会や第 2 著者と親交のある臨床家を通じて行われた。失敗について語ることは，個人的な事柄を開示することにもなり得るため，このような募集の手続きは，協力者の不安を軽減する一助になると考えられた。

また，本研究では，Cl と Th の相互作用を含む失敗

のプロセスを詳細に把握するため，初回面接のみで終結した事例については対象外とした。その上で，協力者にとって，特に印象に残っている事例を通じて，鮮明に記憶されている個々の重要な体験に迫ることができると考え，協力者に対し，これまでに経験した失敗の事例のうち，最も印象に残っているものを2つ選定するように求めた。4名の協力者は全て，各自が選定した2事例は，自身の専門家としての成長に大きな影響をもたらした旨の見解を示した。

3　インタビュー

インタビューは，第2著者が担当し，第2著者が所属する大学の研究室において行われた。第2著者は，協力者に対し，自身の失敗の体験に真摯に向き合おうとするその姿勢に敬意を払うとともに，心理療法における失敗は避けられないものであり，失敗の体験を率直に扱えるようになることが専門家としての成長の重要なプロセスであるという本研究の根底にある考えを伝えた上で，協力者から本研究への協力とインタビューの録音に関する同意を得た。そして，①協力者が失敗したと感じた場面はどのような場面であったのか，②その際，協力者はどのような感情を体験し，どのような対応をしたのか，③どのようなやり取り，経過を経て，その失敗に至ったのか，④その失敗は，協力者自身，Cl，協力者とClの関係にどのような影響を及ぼしたのか，という4つの質問項目を軸とする半構造化面接により，協力者の内的体験を明細化するように試みた。

協力者の都合により，4名の協力者のうち，2名については，約120分のインタビューを1回実施し，他の2名については，約60分から100分のインタビューを2回実施した。協力者1名あたりのインタビューの時間は，約120分から200分であった。インタビューは録音され，その音声データに基づいて，逐語録が作成された。その際，協力者とClを特定し得る情報については逐語録から削除された。

4　データ分析

グラウンデッドセオリー法によるデータ分析の手順は，おおむね以下のとおりであり，これらの手順は，データへの理解を深め，分析の質を高めるために，反復的に行われた。

まず，事例ごとにその内容をストーリーとしてまとめるケースサマリー（岩壁，2010）を作成し，各事例の全体像を把握した。次に，ClとThの特徴，両者の関係性の特徴などの異なる観点からケースマトリックス（岩壁，2010）を複数作成した。これらを用いて各事例の比較を続ける中で，Thから見た心理療法における失敗のプロセスには，Clに対するThの否定的な感情，それに付随するThの防衛的な反応，その結果としての心理療法の停滞などが関連することが示唆された。そこで，これらをテーマ領域としてデータを区切ることとした。

テーマ領域として設定したClに対するThの否定的な感情，それに付随するThの防衛的な反応が多様性に富む協力者の事例からコード化の作業に着手した。コードは，「Clのにやにやした表情を見て不快感を覚えた」など，その部分の意味を端的に表す一文の形式とした。次に，同一事例内で類似したコードを一つのグループにまとめ，それを包括する抽象的な概念，すなわち，カテゴリーを生成した。同様の手続きを同じ協力者の第2事例に適用し，第1事例の分析から得られたカテゴリーについては，第2事例の分析の際にも活用された。他の協力者の事例にも同様の手続きを繰り返し，既存のカテゴリーが適用できないときには，新たなカテゴリーを生成した。また，新たなカテゴリーが生成されたときには，すでに分析した事例についてもそのカテゴリーが適用できるかどうかを確認した。

最後に，8事例の分析を通じて生成されたカテゴリーをより高次のカテゴリーに統合するとともに，各カテゴリーの関係性を表すプロセスモデルを作成した。

なお，データ分析は，第1著者が主体となり，各手順において第1著者が分析したものを第2著者とともに検証する要領で進められた。また，データ分析の正確性や一貫性を確保するために，臨床経験が豊富で，質的研究に精通する専門家に監査（auditing）を依頼した。名称が分かりにくいカテゴリーがいくつかあるとの監査者からの指摘に基づき，著者らは，逐語録，コード，カテゴリーの整合性を再検証し，Thの内的体験の性質がイメージしやすくなるようにカテゴリーの名称を修正した。

III　結果

分析の結果，644のコードから18の下位カテゴリーと9の上位カテゴリーが生成された。そして，これら

のカテゴリーは ¦拒絶感情¦，¦防衛反応¦，¦行き詰まり¦ という連続する3つの段階に分けられた（表1）。以下，3つの段階ごとに，各カテゴリーの定義と特徴を記述する。

なお，文中の ¦ ¦ は段階，【 】は上位カテゴリー，〈 〉は下位カテゴリー，「 」は協力者の語りを意味する。また，4名の協力者については，ThA，ThB，ThC，ThD と表記し，その第1事例と第2事例の別を示すために，ThA-1，ThA-2のように表記する。

1 拒絶感情

第1段階は，¦拒絶感情¦ である。これは，ありのままの Cl を受け入れず，遠ざけようとする感情であり，【嫌悪】，【恐怖】，【怒り】の3つの感情からなる。

【嫌悪】は，Cl を嫌ったり，不愉快に感じたりすることである。それは，身体的な感覚を伴うもので，意識的に抑えることが難しい。本研究では，〈生理的嫌悪〉，〈性的嫌悪〉，〈対人的嫌悪〉という性質の異なる3つの【嫌悪】が見いだされた。表1のとおり，〈対人的嫌悪〉は全ての事例で確認されるなど，【恐怖】や【怒り】の背後には必ず何らかの【嫌悪】が存在していることが認められた。このように，【嫌悪】は，【恐怖】や【怒り】が生じる文脈にも必ず見いだされているという点で，¦拒絶感情¦ の中核をなしていると理解することができる。

〈生理的嫌悪〉は，不潔さにまつわる嫌悪であり，視覚や嗅覚を通じて知覚され，「汚い」，「臭い」などの言葉で表現される。ThB-2は，男性 Cl が，ひげも髪も伸びたままで，清潔感がなく，悪臭を漂わせているように感じたことについて，「タバコ臭さと汗臭さみたいな感じ。終わった後は消臭スプレーをしないと，次の Cl を入れられないぐらい臭くて，苦痛だと思ったこともありますね」と振り返った。一方，〈性的嫌悪〉は，性にまつわる嫌悪であり，性的な事柄に関する Cl の言動が引き金となる。ThA-1は，男性 Cl から性的な関心を向けられているように感じたときの心境について，「すごくにやにやしているときがあるんですよ。ちょっと怖いなっていうふうに思ったのと，途中からトイレにも頻繁に行くようになったりとかして，何となくこの人は変な性癖もあるのかなって思うようになってしまって（中略）視線とかそういうのは不快というか，何となくこっちが，むずむずするというか」と語った。そして，〈対人的嫌悪〉は，性格傾向，対

人態度，価値観などの Cl の内的な特徴にまつわる嫌悪であり，言語的または非言語的なコミュニケーションを通じて知覚される。ThB-1は，女性 Cl の言動に対して傲慢さを感じたことについて，「すごく笑顔で，一見，人当たりがいい。ちょっとわざとらしい感じもあるんですけど，すごく笑顔で接してきて。ちょっと偉そうな感じというか，こちらが言うことに対して，ええ分かってますよみたいな言い方をするので，嫌だなっていう感じが」と振り返った。

【恐怖】は，Cl を恐れることである。Cl は Th にとって【恐怖】の対象となり，Th は Cl との関わりの中で，萎縮したり，思わず固まってしまったりした。本研究では，Cl から〈攻撃される〉，〈侵入される〉，〈見透かされる〉という状況の解釈と結び付いた【恐怖】が見いだされた。ThC-2は，スタッフとトラブルを起こして他機関からリファーされてきた男性 Cl を担当することになり，「この Cl は，失敗すると私を攻撃してくる，下手したら刺されるんじゃないかっていう恐ろしさがある。過去の経歴を聞けば聞くほどそう感じてしまう」と，Cl から〈攻撃される〉恐怖におののいた。また，ThA-1は，男性 Cl から「彼女になってくれませんか」と言われ，「結局そういうのをこの場で求めてしまうと彼は言うんですね。そのときは一番身構えました」と，個人的な領域に〈侵入される〉恐怖を感じた。一方，ThC-1は，男性 Cl から度々私的な質問をされて困惑していたところ，ある日の面接で，「廊下で職員と話しているのを見かけたとき，いつもと違う顔をしていた。ここでは緊張しているから素の顔を見せていないでしょう」と言われ，専門家としての未熟さや自信の乏しさを〈見透かされる〉恐怖を感じた。

【怒り】は，Cl にいら立ちや憤りを感じることである。多くの場合，Th の【怒り】が Cl に対して直接的な形で表されることはなかった。本研究では，〈価値観を侵害される〉，〈侮辱される〉，〈強要される〉という状況の解釈と結び付いた【怒り】が見いだされた。ThB-2は，働かずに趣味に興じてばかりいるように見える男性 Cl について，「将来的には親の財産を相続すれば，働かなくてもやっていけると考えている。働く意欲が感じられない」として，Th 自身の生活観と相反する Cl の姿勢にいら立ちを覚えた（〈価値観を侵害される〉）。また，ThB-1は，自分のペースで一方的に話し，最終的には「困っていることはない」と主張することを繰り返しているように見える女性 Cl との面

表1　カテゴリーと各事例における出現の有無

段階	上位カテゴリー	下位カテゴリー	ThA		ThB		ThC		ThD	
			1	2	1	2	1	2	1	2
拒絶感情	嫌悪	生理的嫌悪	○			○				○
		性的嫌悪	○				○	○		
		対人的嫌悪	○	○	○	○	○	○	○	○
	恐怖	攻撃される				○		○		○
		侵入される	○				○			
		見透かされる		○						○
	怒り	価値観を侵害される		○			○			○
		侮辱される	○		○		○		○	○
		強要される		○						○
防衛反応	回避	距離をとる	○	○	○	○	○	○		○
		表面で関わる	○	○	○		○		○	
		役割・責任を放棄する		○	○		○			○
		取り繕う	○				○		○	○
	攻撃	本音をぶつける		○						○
		変化を強いる		○			○			
	自己正当化	否定的なフィルターを通す	○	○	○	○	○	○	○	○
		セラピー不適要因を見つける	○	○	○	○	○	○	○	○
		すり替える	○		○		○		○	○
行き詰まり	接触遮断	―		○	○	○		○	○	○
	パワーゲーム	―				○	○		○	○
	無力感	―	○	○	○	○	○	○	○	○

接を振り返り，「目的はないけど，いろいろと話はしたい。ただぺらぺらとしゃべりたい。声を出したいから来ているというようなことも言う。私としては，言い方は悪いけど，利用されているというか，人として扱ってもらえてないという感覚がある」と憤った（〈侮辱される〉）。一方，ThD-2 は，短絡的な解決策を求めてばかりいるように見える男性 Cl との面接を振り返り，「Cl は，とにかく治る方法を教えてほしい，言われたことはやるけれど，自分から何かを考えたり，したりはしないという感じだった。（中略）それに対して私はだんだんイライラしてくるという流れがあった」と，Cl から不合理なことを〈強要される〉ように感じて立腹した。

2　防衛反応

　第2段階は，|防衛反応| である。【嫌悪】を中心とする |拒絶感情| が生じると，知らず知らずのうちに自分自身を守るために，【回避】または【攻撃】という行動に至り，|拒絶感情| や【回避】，【攻撃】の正当性を証明しようとする【自己正当化】が行われた。

　【回避】は，〈距離を取る〉，〈表面で関わる〉，〈役割・責任を放棄する〉，〈取り繕う〉など，Cl との情緒的交流を避け，自分自身の安全な領域にとどまろうとする行動である。ThC-2 は，思い込みが強く，押しが強いように感じられる男性 Cl に対して，〈対人的嫌悪〉や〈攻撃される〉恐怖を感じ，「途中から紙に記録をしながら話を聞くことにしたんです。書くってことは，良くも悪くもある意味で感情を排除する部分があるので，事実だけを書いていくっていうのは，私にとっては楽でした」と，自らの平静を保つために，Cl の感情に触れないことを選択した（〈距離を取る〉）。また，ThA-1 は，男性 Cl から性的関心や性愛感情を向けられて，〈性的嫌悪〉や〈侵入される〉恐怖を感じていた中で，「いつもトイレに行きますよねという感じで聞いてみようと思って，もしかしたらそこから発展するかもしれないと思って，今日は聞くぞと思っていたんですけど，少女趣味のことを言われて，妙ににやにやしたときもあって，もうこれは聞かなくていいやって思ってしまいました」と，リスクを負わず，現状を維持することを選択した（〈表面で関わる〉）。一方，

ThC-1 は，一般的とは思えない性的な関心を示し，執拗に私的な質問をしてくるように感じられる男性 Cl に対して，〈性的嫌悪〉や〈対人的嫌悪〉，〈見透かされる〉恐怖を感じ，「また2週間後に来ると聞いたときは仕事を休みたいと思いました。会いたくないなみたいな，仕事だからとりあえず会うだけは会わなきゃいけないみたいな感じでした」と，Th としての役割や責任を見失い，Cl との関わりを避けたい気持ちを強めた（〈役割・責任を放棄する〉）。さらに，ThC-1 は，自分が Th としての責任を果たせていないことを Cl から突き付けられたように感じた際，「私のことよりも，彼の方に返そうっていう気持ちになって，安易に答えを出してほしくないから，自分で考えるように，葛藤するように仕向けているんだ，みたいなことを言ったんです。それを言って，ちょっとこれはまずいと思って，もしも私のやり方を変えた方がいいのなら変えますけど，みたいなことも一応最後に付け加えました」と，思わず本心をごまかすような対応をした（〈取り繕う〉）。

【攻撃】は，【回避】とは異なり，Cl に向かって踏み出していく反応であるが，〈本音をぶつける〉，〈変化を強いる〉など，Cl を責めたり，非難したりすることを指す。ThD-2 は，自身の問題に向き合わず，手っ取り早い解決策を求めてばかりいるように見える男性 Cl に対して，〈対人的嫌悪〉や〈強要される〉怒りを感じ，「どうせらちがあかないんだから言いたいことを言ってしまおうみたいな感じになって（中略）『あなたは人と仲良くしたいと言っているけど，そういう状態になりたいというだけで，本当に人と付き合いたいのかどうかはわからない』とか，結構イライラしながら言ったりもして」と，いら立ちを抑えられず，自分の率直な意見を突き付けた（〈本音をぶつける〉）。一方，ThB-1 は，来談は「毎月の医師の診察のついで」にしたいと言う女性 Cl に対して，〈対人的嫌悪〉や〈侮辱される〉怒りを感じ，「（Cl に対して）誰にも認めてもらえない，話を聞いてもらえないから，評価してもらいたい，受け入れてもらいたいというような，気持ちがあるみたいですね，という話をすると，次の回はキャンセルで，その次の回にもうやめるという話になっちゃったんですけど」と，Cl に内在する問題を指摘し，それを認めさせようとした（〈変化を強いる〉）。

【自己正当化】は，【嫌悪】，【恐怖】，【怒り】などの｜拒絶感情｜や【回避】，【攻撃】などの防衛的な行動

の正当性を証明しようとする認知的操作であり，〈否定的なフィルターを通す〉，〈セラピー不適要因を見つける〉，〈すり替える〉からなる。ThD-1 は，他者の意見を聞き入れず，自分の考えに固執しているように見える男性 Cl との面接を振り返り，「『あなたは私をひどく扱っている』，『あなたは虐待者です』っていうようなメッセージを常に受け取っていたような気がします。たぶん，この方の考えが『全世界が私を迫害している』だったと思うんですね。（中略）それはこの方の問題だと思います」と，Cl の思考の在り方を断定的に解釈した（〈否定的なフィルターを通す〉）。また，ThC-2 は，「別の病院でスタッフと揉め事を起こして，こっちに回されてきたという人で，始まりからしてこれは大変だと思いました。カウンセリングの対象じゃないだろうと思いました」と，Cl の来談経緯に着目し，実際に会う前からセラピーには適さないとみなした（〈セラピー不適要因を見つける〉）。一方，ThB-1 は，Th 自身が Cl と面接を行う意義を見いだせずにいた中で，「ある意味で，彼女は防衛を上手に使えているのかなっていう気もして。それなら無理に私と会って気持ちが揺さぶられて辛い思いをするよりも，今のスタンスでやっていってもらった方がいいのかなと思って，やめたいという彼女の意思を受け入れたんですけど」と，Cl のために心理療法を中断するという意味付けをした（〈すり替える〉）。

3 行き詰まり

第3段階は，｜行き詰まり｜である。これは，｜拒絶感情｜｜防衛反応｜の結果として起こるものであり，【パワーゲーム】，【接触遮断】，【無力感】からなる。

【パワーゲーム】は，Th も Cl も自分を曲げず，相手を自分に従わせようとし合う状況である。ThD-2 は，心理療法の意味や心理療法における Th と Cl の役割を巡って，男性 Cl と議論を繰り返したことについて，次のように語った。「二人とも不機嫌になってイライラしているんですよ。（中略）やれることはやっているけれど，行き詰まっているという状態で（中略）カウンセリングとはそもそもどんなものなのかという話も何度もした。彼は『目標を叶えるために手伝ってもらうもの』と言う。私は『だからあなたの方からも動いてもらわないと困るんだ』と言う。そうしたやりとりを何度もしたけれど，事態は打開されず，雰囲気は良くないままだった」

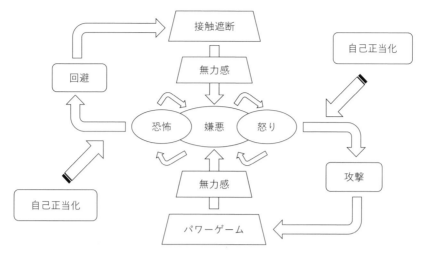

※図中の ⬭ は ｛拒絶感情｝, ☐ は ｛防衛反応｝, ▱ は ｛行き詰まり｝を表す。

図1　若手 Th から見た心理療法における失敗のプロセスモデル

【接触遮断】は，Cl との情緒的な関わりから退く状況であり，Th も Cl も情緒的な関与を弱め，互いによそよそしくなる。ThA-2 は，頻繁に意見を求めてくる女性 Cl を避けようとしてきたことについて，次のように振り返った。「たぶん，Cl から逃げていたんだと思います。質問をされても，なるべく答えないで，彼女に返すようにはしていたんですけど，どこか逃げ腰な自分がいて，また今日も来る，来てもあまり深まらない，何もしてあげられないし，今日は何を聞かれるんだろうとか考えて，重たい気分になっていました」

【無力感】は，【パワーゲーム】や【接触遮断】に伴う感情であり，何をしても無駄である，どうにもならないなどと感じ，自分の力の無さを意識して失望することである。ThC-1 は，男性 Cl の放縦な性行動を抑止することができなかったとして，「私も，社会的に見れば，カウンセラーの役割を果たしてないわけですよね。だから無力感みたいなものがあったと思うし，私の中で。本当に無力感というか，何か意味があるのかなあという感じで，力が及ばない，限界みたいなところですよね」と語った。

4　若手 Th から見た心理療法における失敗のプロセス

　上述の3つの段階とそれぞれの段階に属するカテゴリーの関連性を踏まえると，若手 Th から見た心理療法における失敗のプロセスは以下のように理解することができる（図1）。

　失敗の引き金となるのは ｛拒絶感情｝ である。その中核となるのが【嫌悪】であり，【嫌悪】が【恐怖】と【怒り】を喚起し，【恐怖】と【怒り】が【嫌悪】を強化する。次に，【嫌悪】を中心とする ｛拒絶感情｝ は，【回避】または【攻撃】という ｛防衛反応｝ を引き起こす。主に【嫌悪】と【恐怖】から引き起こされるのが【回避】であり，【嫌悪】と【怒り】から引き起こされるのが【攻撃】である。さらに，認知の水準では，【嫌悪】，【恐怖】，【怒り】などの ｛拒絶感情｝ や【回避】，【攻撃】などの防衛的な行動の正当性を証明しようとする【自己正当化】が行われる。これは，｛拒絶感情｝ と ｛防衛反応｝ のプロセスを強化する役割を果たす。そして，【回避】が優勢になると Cl との【接触遮断】が起こり，【攻撃】が優勢になると Cl との【パワーゲーム】が展開され，いずれも【無力感】を伴う ｛行き詰まり｝ の状態に至る。さらに，この ｛行き詰まり｝ の段階が【嫌悪】を中心とする ｛拒絶感情｝ を喚起し，｛防衛反応｝ を引き起こすという負のサイクルを生み出す。

5　Th と Cl の組合せによる要因

　表1のとおり，【嫌悪】のうち，〈対人的嫌悪〉は全ての事例に認められたが，〈生理的嫌悪〉と〈性的嫌悪〉は，Cl が男性の事例に限定された。また，ThC-1，ThC-2 の事例では，Cl の性行動に関する事柄が主題となっていたが，Th は妊娠，出産を経験して間もな

い時期であり，このようなライフイベントも【嫌悪】を中心とした｜拒絶感情｜を促進する要因となっていた。

IV　考察

1　嫌悪を中心とする拒絶感情

遠藤（1997, 1998）は，Th の陰性感情が失敗に関わる要因の一つであると指摘し，Strupp（1980）は，Th の【怒り】を重要視していた。本研究では，Strupp（1980）が指摘した【怒り】に加えて，【嫌悪】や【恐怖】の存在を明らかにするとともに，Th の陰性感情の性質や体験的な側面をより詳細に示した。特に，【怒り】や【恐怖】よりも漠然とした形で感じられる【嫌悪】が中核的な役割を果たしていると示したことは新たな知見と言える。Rozin & Fallon（1987）によると，【嫌悪】は，身体に取り込んだ有害なものを吐き出すという摂食と関連する感情であり，吐き気のような強い生理的反応を一瞬にして引き起こす。さらに，身体的に有害なものだけでなく，自己感にそぐわない，またはそれらを損ねるような対象にも向けられる。

【嫌悪】，【恐怖】，【怒り】は，誰もが体験する基本感情である。これらの感情は一瞬のうちに起こるものであり，その表出を抑えることはできたとしても，感情体験そのものを封じ込めることはできない。一般に，心理療法の場において，Th は Cl に対して受容的・共感的であることが求められているため，それと相反する【嫌悪】，【恐怖】，【怒り】のような｜拒絶感情｜の存在を認めることは難しい。特に，【嫌悪】は生理的な反応に近い性質のものであるが，このような自然な反応に対して開かれた姿勢を維持することの難しさが失敗に関連しているものと考えられる。

なお，本研究の協力者は全て女性の Th であり，【嫌悪】の現れ方が Cl の性別によって異なり，また，自身のライフイベントも｜拒絶感情｜の在り方に影響を及ぼしていることが示唆された。これらの知見は「治療者と来談者の性別と年齢の組み合わせは，どのような転移現象を生じるかを間接的に規定する。（p.433）」，「経験と知識の蓄積がときに治療者のライフイベントにより阻害される可能性が示唆される。（p.433）」という遠藤（1997）の指摘と一致する。

2　拒絶感情に起因する防衛反応と行き詰まり

Safran & Muran（2000）は，作業同盟の亀裂が起こったときの Cl の反応を退却型と対決型という 2 つのパターンから説明したが，本研究では，Th も類似の反応を見せることが示された。つまり，Th も【嫌悪】や【恐怖】から【回避】を経て【接触遮断】の状況に至り，【嫌悪】や【怒り】から【攻撃】を経て【パワーゲーム】の状況に至った。また，【怒り】と【攻撃】の結果として起こる【パワーゲーム】のプロセスは，Strupp（1980）が失敗事例の特徴として指摘した負の相補性と類似する。遠藤（1998）は，Th が自身の陰性感情をうまく扱うことができていない場合には応答の内容が偏り，柔軟性を欠いた画一的なものになりがちであることを指摘したが，これは，【回避】と【接触遮断】の道筋か，【攻撃】と【パワーゲーム】の道筋かという本研究において見いだされた閉鎖的な循環のプロセスとも重なる。このように，本研究では，先行研究において指摘されてきた Cl と Th の相互作用のパターンを｜拒絶感情｜，｜防衛反応｜，｜行き詰まり｜という 3 つの段階からなるプロセスとして，より詳細に位置づけることができた。また，【自己正当化】という認知的な操作が失敗の悪循環のプロセスを強めていると明らかにしたことも新たな知見と言える。上述したように，【嫌悪】を中心とする｜拒絶感情｜は，Th にとって受け入れ難い感情であるがゆえに，【自己正当化】という認知的な操作を行い，｜拒絶感情｜を自己の体験から切り離すことで，Th としての自己を保とうとするものと考えられる。

3　若手 Th の特徴

Theriault et al.（2009）は，若手 Th の特徴として，自身の臨床的力量に関わる不安を抱きやすいことを挙げているが，本研究においても，〈見透かされる〉という【恐怖】や｜行き詰まり｜に付随する【無力感】など，自身の臨床的力量への意識に関連したカテゴリーが見いだされた。また，〈距離をとる〉，〈表面で関わる〉，〈役割・責任を放棄する〉という【回避】や｜行き詰まり｜の結果として生じる【接触遮断】などは，若手 Th は自身の行動に対する制約や困難な状況に対する諦めが先行して，Cl に対する共感的な関わりが二次的になりやすいという村井他（2013）の指摘と一致する。

4　臨床実践への示唆

　本研究の協力者は，積極的に専門的な研修会に参加したり，スーパーヴィジョンを受けたりするなど，臨床家としての自己研鑽に高い意識を有していた。しかしながら，自身の ｜拒絶感情｜ に起因する悪循環のプロセスに対して効果的に対処することは難しかった。｜拒絶感情｜ が生じた際には，それを率直に認め，【自己正当化】に進まず，【回避】でも【攻撃】でもない方略で，Clとの関係を作り直すことが重要と考えられる。そのためには，｜拒絶感情｜ はどのような Th も体験し得る，避けられないものであるとの認識を共有することが欠かせない。その上で，訓練段階にある Th もその指導に当たる Th も，Th の身に起こる種々の内的体験に許容的になり，スーパーヴィジョンや事例検討会等の場において，｜拒絶感情｜ を含む Th の内的体験について，建設的に検討する体制と寛容な風土を築くことが求められる。

5　限界と課題

　本研究は，4名の若手の女性 Th を対象とした8事例の質的研究であり，結果の転用可能性には限界がある。また，上述のとおり，本研究では先行研究の知見と一致する若手 Th の特徴が認められたものの，見いだされたカテゴリー（表1）の多くは，性別や臨床経験を問わず，どのような Th にも共通し得る体験のようにも見受けられる。今後は，若手の女性 Th に加えて，若手の男性 Th や熟練の Th からもデータを収集して，性別や臨床経験による共通点および相違点を識別しつつ，本研究において見いだされたカテゴリーやモデルの精緻化を図っていくことが求められる。

　一方，今後の研究においては，結婚，妊娠，出産，親になること，転職，疾病等の Th のライフイベントが Th の体験，Cl と Th の相互作用，心理療法の結果にどのような影響を及ぼすのか，さらに，Cl と Th の性別の組み合せの違いが【嫌悪】を中心とする ｜拒絶感情｜ の在り方にどのような影響を及ぼすのかを調査する必要がある。また，本研究では，若手 Th から見た心理療法における失敗のプロセスを提示したが，そのプロセスから抜け出す要因を明らかにすることも重要な課題である。その際には，【自己正当化】とは対極するような Th の方略に焦点を当てることによって，重要な手掛かりが得られる可能性がある。

▶付記

　本研究の趣旨を御理解いただき，貴重な体験について語ってくださいました研究協力者の皆様に心から感謝申し上げます。

　本研究は，第2著者が，科学研究費補助金「心理面接における困難な場面とその対処法に関する研究」（課題番号：19530614）を受けて行った研究の一部である。

▶文献

遠藤裕乃（1997）．心理療法における治療者の陰性感情の克服と活用に関する研究　心理臨床学研究, 15, 428-436.

遠藤裕乃（1998）．心理療法における治療者の陰性感情と言語的応答の構造に関する研究　心理臨床学研究, 16, 313-321.

Glasser, B., & Strauss, A. L.（1967）. *The Discovery of Grounded Theory : Strategies for Qualitative Research*. Chicago, IL : Aldine.（後藤　隆・大出春江・水野節夫（訳）（1996）．データ対話型理論の発見　―調査からいかに理論を生みだすか―　新曜社）

岩壁　茂（2007）．心理療法・失敗例の臨床研究　―その予防と治療関係の立て直し方―　金剛出版

岩壁　茂（2010）．はじめて学ぶ臨床心理学の質的研究　―方法とプロセス―　岩崎学術出版社

Iwakabe, S.（2011）. Commentary : Extending systematic case study method : Generating and testing hypotheses about therapeutic factors through comparisons of successful and unsuccessful cases. *Pragmatic Case Studies in Psychotherapy*, 7, 339-350.

Lambert, M. J., & Ogles, B.（2004）. The efficacy and effectiveness of psychotherapy. In M. J. Lambert（Ed.）, *Bergin and Garfield's Handbook of Psychotherapy and Behavior Change*（5th ed., pp.139-193）. New York : Wiley.

村井亮介・岩壁　茂・杉岡品子（2013）．初回面接における訓練セラピストの困難とその対応　―継続事例と中断事例の比較検討―　心理臨床学研究, 31, 141-151.

日本臨床心理士会（2020）．第8回「臨床心理士の動向調査」報告書　日本臨床心理士会

Rozin, P., & Fallon, A. E.（1987）. A perspective on disgust. *Psychological Review*, 94, 23-41.

Safran, J. D., & Muran, J. C.（2000）. *Negotiating The Therapeutic Alliance : A Relational Treatment Guide*. New York : Guliford Press.

Strupp, H. H.（1980）. Success and failure in time-limited psychotherapy : Comparison 4. *Archives of General Psychiatry*, 37, 947-954.

Theriault, A., Gazzola, N., & Richardson, B.（2009）. Feelings of incompetence in novice therapists : Consequences, coping, and correctives. *Canadian Journal of Counselling/ Revue Canadienne de Counseling*, 43, 105-119.

Wampold, B. E.（2001）. *The Great Psychotherapy Debate : Models, Methods, and Findings*. Routledge.

Therapeutic Failure of Beginning Therapists :
Distancing Emotions and Reactive Self-Protection

Ryosuke Murai [1], Shigeru Iwakabe [2]

1) Asahikawa Juvenile Classification Home
2) Department of Psychology, Ritsumeikan University

The study examined the experience of therapeutic failures, focusing particularly on internal emotional reaction of beginning female therapists who constitute the largest age-by-gender subgroup in certified clinical psychologists in Japan. Four female therapists with less than 10 years of clinical experience were interviewed about two cases which they considered as "therapeutic failures" that resulted in client drop-out after persistent conflicts and impasses. Interview data on the process of a total of 8 cases was analyzed using a mixed method combining single case comparison and grounded theory approach. The process of therapeutic failures as viewed from the perspectives of four therapists was characterized by three phases : distancing emotions, reactive self-protection, and therapeutic impasses. Beginning therapists first experienced distancing and rejecting emotions such as disgust, fear, and anger toward their clients. These emotional reactions resulted in avoidance, counter-attack, and self-justification that further distanced themselves from their clients. Finally, they became disengaged emotionally or got caught up in a power struggle with their clients, which resulted in the feeling of helplessness and resignation.

Keywords : beginning therapist, therapeutic failure, distancing emotions, qualitative research, process research

原著論文

学校コミュニティにおいてスクールカウンセラーなど心理職がネットワークに参画することの意義と可能性
B市の実践例をもとに

坪田祐季 [1]，川野健治 [2]

1) 大阪経済大学
2) 立命館大学

　本研究の目的は，学校コミュニティにおいて SC など心理職がネットワークに参画することの意義について明らかにし，そのネットワークのダイナミクスに関して検討することである。B市学校臨床心理士会に所属する心理職を対象としてインタビュー調査を行い，その結果を修正版グラウンデッド・セオリー・アプローチ（M-GTA）を用いてカテゴリーと概念の関係について分析しモデル図を作成した。本研究より，心理職が学校コミュニティのネットワークに参画することによって，心理職同士，心理職と多職種相互の信頼関係が構築されることに加えて，ネットワークは教育委員会を含めて緊急支援に関するコンセンサスを得る場としても機能していることが示唆された。SC など心理職は学校コミュニティの児童生徒などの当事者を支えるチームの一員であることを自覚しながら，ネットワークを協働的に創造していくといった姿勢と視座を持って臨むことが重要であると結論づけた。

キーワード：学校コミュニティ，スクールカウンセラー，心理職，ネットワーク，M-GTA

臨床へのポイント ・・

- 心理職が学校コミュニティのネットワークに参画することで，心理職同士，心理職と他職種間の信頼関係が構築される。また，そのネットワークは学校コミュニティ内の心理社会的な援助を支える資源の一つとして機能する。
- 児童生徒などの当事者を支える援助プロセスにおいて，当事者やその事案に応じた援助のあり方が繰り返し検討されることで，柔軟性や多様性を兼ね備えたネットワークが創造され，学校コミュニティに浸透していく可能性がある。
- スクールカウンセラーが，学校の垣根を越えて児童生徒などの当事者に応じた心理援助を協働的に創造していくといった姿勢と視座を持つことがネットワーク構築の重要な要素の一つである。

・・

Japanese Journal of Clinical Psychology, 2023, Vol.23 No.1 ; 91-101
受理日――2022 年 6 月 24 日

I　問題と目的

1　問題の背景

　子どもを取り巻く問題が複雑化・多様化している学校においては，個別のカウンセリングや心理療法を中心としたアプローチだけでなく，環境やコミュニティなどに対してもアプローチし，協働関係のなかで子ど

もの成長を促進するような心理援助が必要となる（坪田，2021）。このことから，学校だけでなく学校を取り巻く教育委員会・相談機関・SC などの人的・制度的な地域資源を含む，市町村単位の地域を学校コミュニティとして捉える視点が重要であると思われる。心理援助を担う一員として，学校コミュニティ（学校を中心とする市町村教育委員会単位の地域・社会）の中

で，多様な援助ニーズを持つ児童生徒に対する支援者として，スクールカウンセラー（以下，SC）や他の心理職（心の教育相談員，ボランティア相談員や学生相談員など）の活躍が期待されている（山口・新・奥田，2014）。学校コミュニティには学校を中心に活動を行うSCだけでなく，相談機関などに勤務する心理職も子どもや家庭を支える援助者の一員として勤務している。SCなどの心理職は，地域で生活する一人ひとりの「心の豊かさ」につながるような環境のデザインにどのように参画できるかが大切であり（竹森，2012），可能な限りそのコミュニティの中の全存在に対する配慮を持ちつつ，コミュニティとそのメンバーが発見的に歩むのを援助すること（布施，2012）が求められる。そのため，教育・医療・福祉の多職種・多機関が協働して，連続性のある包括的な援助体制を柔軟に築いていくことが必要であり，学校内外の子どもを取り巻く周囲の人が，場やコミュニティの実態に応じた子どもを支えるためのネットワークを作っていくことが求められる（坪田，2022）。その際，学校コミュニティに携わるSCや他の心理職は，既存のネットワークに参加するのではなく，計画段階から主体的に参画していく姿勢が必要である。

1995年にSC活用調査研究委託事業が開始された当初から，SCは学校コミュニティに働きかけることも役割の一つとして示されてきた。臨床心理学的な立場から学校コミュニティに関する主な研究には伊藤（2004），窪田（2009）などが挙げられるが，包括的支援やコミュニティ・アプローチの重要性について示されながらも，あくまで学校内の連携を中心に論じられており，地域を含めた学校コミュニティにおける実践やそこでの心理職の役割に関する研究が十分に蓄積されてきたとは言い難い。実際，相談室での面接と学校コミュニティ全体との関わり合いや学校コミュニティ全体がSCの実践に与える影響などについては具体的に論じられて来なかったため，SCにとって未だに分かりにくい（宮部・半田・初澤・永江・伊藤，2017）との指摘もある。また，心理職の活用システムに至っては厳密に定められておらず，システム構築にあたっては，非常勤の心理職が1人で開拓することは現実的に難しい状況にあり，学校を中心とするコミュニティの中で考えていくべき課題である（山口他，2014）。

石隈・家近（2021）は，地域において多様な取り組みを行う学校教育を援助するための「横の連携」（空間的な連携）と，援助者や援助機関の「縦の連携」（時間的な連携）からなるネットワークの重要性に触れ，SCなどが地域レベルで活動できるようなネットワークづくりが必要だと論じている。村山（2020）も，これまでの学校コミュニテイにおける心理職の実践について従来のパラダイム論に不足していることは，人間がつくる複数の対人ネットワークの重要性を認めるネットワーク論であると論じている。今後，SCなど心理職が市町村を単位とする学校コミュニティにおいてより多職種と連携し，当事者中心の心理援助を担うチームの一員として実践を発展させていくためには，学校内におけるSCの実践に関する実証的研究だけでは不十分である。学校単位の垣根を超えた学校コミュニティにおいて，SCなどの心理職が心理職同士や多職種とのネットワークに参画することの意義や，そのネットワークを活かした実践について実証的研究を積み重ねていく必要があると考えられる。

2　A県B市の実践概要

学校コミュニティにおける心理職の実践について検討するには，すでに地域レベルでSCなど心理職の実践が積み重ねられているB市のフィールドが適していると考え，研究対象として選択した。ここでは，研究対象であるB市学校臨床心理士会の実践内容や活動の経緯について述べる。

1．SCなど心理職の配置状況

A県から全中学校にSCが配置されているだけでなく，B市独自に全小学校にSCが週1回程度配置されている。小学校に関しては，A県内の他市町村は月1〜2程度の配置状況であることを考えると，SCの配置は進んでいる。以前は，B市が雇用するSCは臨床心理士（以下，CP）の有資格者であったが，公認心理師誕生後は，臨床心理士もしくは公認心理師の有資格者が配置されている。その他，B市教育センターや適応指導教室に非常勤心理職が複数名雇用されている。また，市独自の教育相談事業として，要請に応じて心理職である相談員を保育園・幼稚園や小中学校に派遣する制度を設けている。本論で紹介する緊急支援の事例における心理職の活用には，この派遣相談員の予算が用いられている。

2．B市学校臨床心理士会の実践内容と特徴

　A県B市では，市内の各心理的支援を行う相談機関や学校でSCとして勤務するCPがB市学校臨床心理士会という組織を作り，教育委員会との連携を軸として，教育，医療，保健領域などとの連携を進め，市内の保育園・幼稚園から中学校年代の子どもを対象とした支援活動を行っている（橘・北川・加藤・栗野，2013）。この組織は，B市で勤務するSCが中心となり構成されているが，SCは非常勤職であり，メンバーの多くは医療や産業など他領域でも心理職として勤務している。また，第一著者もメンバーの一員である。

　具体的な活動として，まずはB市の学校コミュニティに携わる心理職同士の連携を促進するために，事例検討会などを行なっている。また，日頃から教育委員会との定例会を開催し，教育委員会とB市学校臨床心理士会とのネットワークを軸として，チームで緊急支援が展開されている（北川・橘・加藤・栗野，2013）。このように，B市の実践の特徴として，B市学校臨床心理士会に所属するメンバーが中心となって，心理職同士，そして教育委員会を中心とする多機関との連携を行っており，会をプラットフォームとして心理職が多職種と協働しながら援助活動を行う体制が醸成されている。B市学校臨床心理士会の実践をもとにした心理職同士・心理職と教育委員会との連携体制がネットワークとして機能しており，B市の心理援助体制の特徴の一つであると考えられる。

　その他，市内の各学校でSCが活用するための心理教育プログラムの作成や，スクールソーシャルワーカーなどの多職種を交えたケース検討会や地域向け研修会の開催など，B市学校臨床心理士会に所属する心理職が中心となって多岐にわたる実践を行っている。

3．B市学校臨床心理士会の成立経緯

　X年，B市内で勤務していた心理職と当時の市教委担当者が，ある緊急支援事案の発生を契機として，市内の支援体制の充実が喫緊の課題であると，問題意識を共有した。その後，有志のCP3名は，関係するCPを組織化していく意向があり，市教委担当者と話し合う場がほしいことを市の教育委員会に伝え，話し合いの場の立ち上げを準備していくことになった（橘他，2013）。同年，B市で勤務するSCが中心となってB市学校臨床心理士会を立ち上げた。B市学校臨床心理士会のメンバーは，B市に勤務するCPを対象として

おり，SCはもちろん，市内の医療や福祉機関に勤務するCPにも参加を呼びかけた。また同時期に，教育委員会との定例会を開催するようになり，教育委員会との定期的な連携をはじめ，B市に勤務するCP同士が繋がり，互いに支え合い，研鑽を積み重ねていく場としてB市学校臨床心理士会が機能するようになった。

　その後，B市内で緊急支援事案が起こった際には，B市学校臨床心理士会と教育委員会が協働して援助を行った。緊急支援終了後には，教育委員会との定例会で実践について振り返り，今後の課題について検討した。その過程の中で，緊急支援時に活用できるリーフレットや手引きなどを作成した。このような実践を継続する中で，公的な補助事業に採択され，その補助金を活用して，B市学校臨床心理士会が心理職や学校関係者を対象とした研修会などを主催することも可能となった。

　X＋10年以上が経過した現在も，B市学校臨床心理士会の実践は続いており，心理職同士の連携や教育委員会との協働体制は維持されている。B市学校臨床心理士会のメンバーについては，異動や転居といったさまざまな事情で入れ替わりはあるが，現在も約30名程度のメンバーが登録している。

3　目的

　本研究では，学校だけでなく学校を取り巻く教育委員会や相談機関などを含む，市町村単位の地域を学校コミュニティとして定義する。そして，B市の心理援助体制の特徴の一つである，B市学校臨床心理士会の実践をもとにした心理職同士・心理職と教育委員会との連携体制をネットワークと表す。

　学校コミュニティにおけるSCなど心理職の実践を再考し，各学校コミュニティで継続的に実践可能なネットワークの創造に寄与するために，B市学校臨床心理士会に所属する心理職を対象としてインタビュー調査を行い，心理職の視点から学校コミュニティにおいてSCなどの心理職が心理職同士・心理職と多職種のネットワークに参画することの意義を検討する。そして，そのネットワークを活かした学校コミュニティ内における心理援助に関するダイナミクスについて明らかにすることを目的とする。また，学校コミュニティにおいて協働関係を創造していくためのSCなど心理職の在り方について考察していきたい。

表1　研究協力者・インタビュー時間・文字数

	性別	心理職の経験年数	ネットワークの所属年数	グループ	インタビュー時間	文字数
1	女性	9	9	A		
2	女性	10	8	A	123分	37,230
3	女性	16	8	A		
4	男性	28	6	A		
5	女性	20	13	B		
6	女性	13	4	B	115分	33,846
7	女性	13	8	B		
8	女性	7	7	B		
9	女性	11	6	C	46分	12,945
10	女性	13	8	C		

II　方法

1　研究協力者とデータ収集方法

　B市学校臨床心理士会に所属する心理職を研究協力者（10名）とした（表1）。B市学校臨床心理士会は，CPを中心として活動してきた経緯があり，今回の研究協力者である心理職は全員がCPの有資格者であり，B市内の小中学校SC経験者である。SCは非常勤職であるため，学校以外の教育関係機関や医療などの領域でもCPとして勤務している。また研究協力者の選定基準として，市の教育委員会との定例会や事例検討会に参加したり，緊急支援のチームの一員として支援に携わったりした経験があるCPに依頼した。10名の内，B市学校臨床心理士会の立ち上げから活動しているCPが1名，その他の研究協力者は2020年4月時点でCPとしての臨床経験は7年以上あり，B市学校臨床心理士会には4年以上参加している。

　2020年7月から9月にかけて，フォーカス・グループインタビューを実施した。フォーカス・グループインタビューは，研究の目的に適したメンバーを集め，自由に意見を出してもらう方法である。この方法を用いることで，「生の声そのままの情報」を生かすことができ，量的な調査では得られない「深みのある情報」と，単独インタビューでは得られない「積み上げられた情報」「幅広い情報」「ダイナミックな情報」を得ることが可能となる（安梅・高山，1996）と考え，採用した。3グループ目は2名であったが，4名グループ同様，互いの意見に刺激を受けながら相互作用のなかでインタビューを実施することができ，1・2グループ目と同様に活発に意見が交わされたため，人数によ

る大きな影響はなかったと考えられる。

　まず，本研究の趣旨および倫理的配慮の概要を口頭および書面で説明し同意を得た。研究者が「B市学校臨床心理士会のネットワークは，心理職として学校や地域で実践を行っていく上でどのような影響を与えたのか」と教示し，研究協力者から自由に発言してもらいながら質問を重ねた。発話内容は，研究協力者の許可を得たうえで録音した。

2　研究方法と分析手続き

　心理職の語りのデータに密着した分析から理論を生成する方法としては，人間と人間の社会的相互作用によって生まれる変化やプロセスの説明に有効な理論を生成し，理論の実践的活用を目的とする修正版グラウンデッド・セオリー・アプローチ（M-GTA）（木下，2003）が適していると考えられ，研究法として選択した。M-GTAでは，分析テーマと分析対象者を設定する。分析テーマは，「学校コミュニティにおけるネットワークの意義とネットワークのダイナミクス」と設定した。データを解釈する際に焦点を当てる分析対象者は，「B市学校臨床心理会に所属する心理職」と設定した。

　分析プロセスは，グループインタビューと分析を同時並行に行った。（1）まず録音したインタビュー記録の文字起こしをして，逐語記録を作成した。（2）分析テーマと分析対象者に照らし合わせて，関連する具体例を見つけ，類似した箇所を集めて概念名をつけた。概念を生成する際には，分析ワークシートを作成し，概念名，定義，具体例，理論的メモを記入した。その具体例を表2に示す。類似概念が確認できた場合は，

表2　分析シート例

概念名	つながりと安心感
定義	心理職が集う場として機能し，つながりや安心を感じることができる。
具体例	• 自分が何をすればいいのかとか，どんな人たちがいるのかが全然分からなかった中で，みんなが集まれる場があるのはとても安心しました。 • 不安になりやすいからこそつながりがあるとまた落ち着く場があって，その繰り返しなのかなと思います。 • これでいいのかなという確認も含めてやりやすかったり，その支えがあると思えるかどうかは全然違ったりする。 • 個人の意見だったらこちらも飲み込んでしまったりもしますが，会の中で話をすると，意外にみんなそうなんだと思えると勇気をもって言えますよね。しかも言える場が，意見交換会があるので。
理論的メモ	解釈案 • 一人で働いているため，自分の考えや態度に自信が持てず，不安を感じる傾向がある。 • 多くの心理職が一人職種であるため，横のつながりが支えとなり，安心感を持つことができる。 • 心理職が意見交換・情報交換できる場があることの意義 対極例 • どんな人がいるか分からないので，意見交換の場に行くことがすごく不安で参加することに躊躇しました。

具体例の欄に追記した。類似したものがあれば既存概念に追加していき，既存概念に類似したものがない場合は，新たな概念とした。(3) 検討する中で，対極例が見られた場合は，表2の例のように理論的メモに記載し，内容の意味について検討した。また，概念を生成する際や概念の関係性について検討する際に活用した。(4) この分析プロセスを繰り返し行ったところ，3回目のグループインタビューの分析では新たな概念が生成されなかった。(5) 生成された概念の関係性について検討し，複数の概念から成るカテゴリーを生成した。その後，カテゴリーの関係性について検討し，分析結果のストーリーラインとモデル図を作成した。なお，結果の分析が恣意的になることを防ぐために，M-GTA に関与したことのある CP3 名に概念生成の段階から検討に参加してもらい検討した。

3　倫理的配慮

インタビュー開始前に，研究の趣旨，研究協力者への補償，個人情報の管理方法などについて，文章と口頭で説明を行った。同意書に署名をもらい，インフォームド・コンセントを得た。データの文字起こしの際には，個人が特定されないよう氏名や機関名はアルファベット表記とし最大限配慮した。本研究は大阪経済大学研究倫理審査委員会（承認番号 2020-H02）の承認を受けて実施した。

III　結果

1　生成した概念とカテゴリー

総時間 284 分，総文字数 84,021 文字のインタビュー

データの分析結果から，105 の具体例が得られ6つのカテゴリーと 15 個の概念が生成された。カテゴリー，定義，具体例数，概念，発言例について，表3にまとめた。6つのカテゴリーについてストーリーライン形式で説明する。文中では，カテゴリーは【　】，概念は〈　〉，具体例は「　」を用いて示す。

2　ストーリーライン

B 市学校臨床心理士会に所属する心理職は，【心理職同士の「連携の場」づくり】を推進していた。その場は，一人で勤務することの多い心理職が交流することで〈つながりと安心感〉が育まれるとともに，〈専門性の相互理解〉を深め〈連携できる関係性の確立〉の機会となっていた。実際，B 市においては定期的に情報交換会や事例検討会を開催しており，学校や地域の現状や課題について共有する時間を確保していた。心理職の多くは一人で勤務しており，相互に情報を共有する機会が乏しい。そのため，情報交換会や事例検討会は【多層多次元的な視点の情報共有】の機会にもなっており，〈心理援助に関する知見の共有〉や〈地域資源に関する情報共有〉が行われていた。そして，情報交換会では教育委員会の指導主事や教育委員会に所属するスクールソーシャルワーカーといった他職種も参加して，多様な視点から情報共有が行われていた。この機会は【他職種との協働的な関係性の構築】の場として機能し，さまざまな価値観や視点が共有されることで，互いの専門性を補い合うようなチームワークが醸成され，特に〈教育委員会との連携と相互理解〉が促進されていた。【他職種との協働的な関係

表3 カテゴリー，概念，定義，具体例

カテゴリー	概念（具体例数）	定義	具体例
心理職同士の「連携の場」づくり	つながりと安心感（13）	心理職が集う場として機能し，つながりや安心を感じることができる	「自分が何をすればいいのかとか，どんな人たちがいるのかが全然分からなかった中で，みんなが集まれる場があるのはとても安心しました」「不安になりやすいからこそつながりがあるとまた落ち着く場があって，その繰り返しなと思います」「これでいいのかなという確認も含めてやりやすかったり，その支えがあると思えるかどうかは全然違ったりする」「個人の意見だったらこちらも飲み込んでしまったりもしますが，会の中で話をすると，意外にみんなそうなんだと思えると勇気をもって言えますよね。しかも言える場が，意見交換会があるので」
	連携できる関係性の確立（6）	日頃から地域で勤務する心理職と交流を持ち，信頼関係を築く	「何かあった時に，あっ○○さん，あっ，○○先生という一瞬の挨拶だけでも，その場をシェアできている。そういう場で，顔と名前が一致してる。それだけでも結構安心できる」「お互いの顔が見えて接触する機会がないと，お互いの理解が進んでいかない」
	専門性の相互理解（8）	互いの専門性や得意分野を活かし，ときには役割を分担して援助にあたる	「SCといっても，その人がもっているバックグラウンドが皆バラバラですよね。産業で働いている方もいれば，福祉関係にすごく強い方もいれば，児相や，病院や，SCはSCなのだけれどもバックグラウンドの違う人たちから得られる情報は非常に有益です」「得意・不得意があるということもお互いに分かりながら動くことができます」「他の視点を持てるというところは，ケースを理解するにも全体像が見えやすいし，もし自分にできなくても，得意な方にそこをつなげてもらうとか，役割分担して学校全体で動くという時に，この視点は誰々にお願いしますということも出来やすいかなと思います」
多層多次元的な視点の情報共有	心理援助に関する知見の共有（9）	他の心理職の意見や活動を知り，自身の活動についてチェックする機会となる	「同じ心理職の人が同じものを見たときに，違う意見があったりするし，自分の偏りについてはチェックしやすくなる」「一人職場なので参考にする人がいない。自分が暴走していきそうなところを修正してくれる場というか，それは有り難い感じがしています」「SCという仕事は自由度がすごく高い仕事かと思うので，来た人の面談というだけではなくて，この学校はこういう動き方をするとか，幅が広すぎるので，なおさら迷うのかなと思うと，色々な方の話を聞けたり，色々な働き方や，こういう働き方もできるのだということが勉強できるのがいいと思います」「同じ心理職の人が同じものを見たときに，違う意見があったりするし，自分の中の偏りについてはチェックしやすくなる」
	地域資源に関する情報共有（6）	地域に根差した情報を知ること	「地域のことなどを知るのにすごく時間がかかってしまうのはもったいないので，できるだけ色々な人から情報をもらって早く自分がうまく機能できるように働きたいなという気持ち」「ここで，いろんな視点を得ることで，別の視点から学校のコミュニティに入っていける」
他職種との協働的な関係性の構築	教育委員会との連携と相互理解（8）	日頃から教育委員会と情報交換を行い，連携をとり共通理解を図る	「横のつながりだけでなく，上の指導主事とのつながりもあるということで，連携していく上でとても大きいと思います」「学校と市教委と心理職がわりと密接というのは，それは有意義なのかもしれない」「教育委員会の先生とつながれる場があるというのはすごく貴重だと思います」「「これで良いですか」とか，ちゃんと聞いてくださることが，より質を高める形になって，もちろん子どもたちの利益にもなっているのかもしれないし，SCとして活動するときにもやはり活動しやすくなっているのが，そういう関係かなと思います」
	心理職の役割に関する情報発信（7）	心理職の業務内容や役割について，主体的に発信する	「心理職はこういう働きをするのだということを校長会や管理職の方に伝えておいてもらうことで，向こうも何者かがわかってきて，こちらとすり合わせが起こるということがすごく大事な気がします」「面接というのは，たんに一つの柱に過ぎなくて，そういう色々なのがあることを伝えていくということをしないといけないというのはお互いのすり合わせの中で感じました」「校長会，教頭会で働きかけていくようにして，使い方のイメージがちょっとわかってもらって，あとは各学校でそれぞれの心理士たちが小さなチーム支援を作って，何かあそこやってるなと周りに広げていく」
援助体制を発展させる要因	心理援助の必要性（5）	心理援助が求められる事案の発生と対応	「先生たちのニーズを聞きながら，お互いのニーズをすり合わせていったというのがまず最初の立ち上がりかな」「チームができてこようとしたときに，うまく共時性というのか，そのときにパンパンパンと緊急支援が起こってそれでだんだんと積み重なっていって，というのもあったかなと」
	緊急事態におけるチーム援助（6）	複数体制で緊急支援に入り，子どもや教職員を援助する	「先生方とチームを組んでということをして，定期的に話し合おうということにしていたところに，緊急事案が相次いで，本当にそこで機能していかざるを得なかったというのは大きかったと思います」「緊急支援は若手であろうが，ベテランであろうが，ぽんと行かされるという感覚があったところで，先生たちと一緒になったときには，特に大きな事案があったときには，若手もベテランも込みでチームでやる」「事前にこう動こうということがなんとなくわかっているし，人と名前が一致している段階で，このフォーマットねという安心感と，誰々さんもきているという安心感と，市教委の先生も誰々とわかる中で，連携が取りやすかったというのを覚えています」
	共同研究（4）	援助の方法やプロセスについて振り返り，検証する	「学校を支援する専門家，チームなのかもしれないけれども，臨床の成長ステージみたいな，発達段階みたいなのがあるでしょうから，そこを維持してきて，今度また新しく入ってきた中でどういうふうにしていくかとか，人数が増えてきたらどうしていくかとか，時間が少ない中でどうするかとか，その都度，その都度，メンバーでフランクに話し合う場がないことには，お互いがわからないまま探り合っているのではうまくいかない。これまで緊急支援など含めて，グループで研究をしてきましたよね」「心理士同士の理解も，SSWとSCの理解も，緊急支援に実際に入るとつながりが強くなるということがありませんか。あのとき，一緒にやったよねみたいな。そして，またその実践について研究したり，振り返って整理する」

表3　つづき

援助体制を支える要素	土台となる共通感覚 (5)	子どものために何ができるのかといった感覚を共有すること	「重心が子どもたちのために何ができるというところにあるから，みんなの立ち位置がバラバラでもベクトルを合わせやすい気がします」「この子のために，どんなことをできるかをみんながベクトルを合わせるからすごくやりやすい」「子どものために，見立てて，必要に応じてリファーするというところも含めてどうするかというのは，大事なことだと思います」
	フレキシブルな援助体制 (7)	ゆるやかなつながりが，臨機応変な対応やシステムの発展を可能にする	「自由度の高い，ゆるく繋がりながらふにゃふにゃして，場面に応じて発達していくあたりが，このネットワークのいいところだと思います。周りはみんなつぶつぶで，このつぶつぶは変わっていくのだけれども，なんとなく全体として場面に合わせて成長していったりする」「それが組織の発達と考えた途端に，先に形だけを作ってしまったからそれはあり得ないだろうし，個人が必要としている話の中から形ができあがってきて，点が集まって形になっているようなところがある。個から発達して，それが形になっているみたいな順番の違いがるのかな」
地域や学校における心理援助の促進と発展	学校側のSCに対する理解促進 (11)	学校がSCの役割について理解しSCを活用する土壌ができてくると，SCが馴染みやすくなる	「確かに今は学校側が変わってきて，他の学校に行ったとしても，ある程度SCの使い方を知ってくださっていて，前のカウンセラーはこんな感じで動いてくれていましたよとか，授業観察に行くにもさらっといれたり，教室に入るのも全然違和感なく入れる」「この市は，SCが学校に馴染んでいると思います」「ニーズを合致させる話し合いもできるので，例えば新しい学校に行ったときに，このニーズはなんだろうというときに，そこをちゃんと話せるような関係というか雰囲気というか，シャットダウンされない感じ，話ができる感じ，そこからニーズを探っていける。そんな迎えいれてくれる感じがあるなと思いました」
	地域・学校で児童生徒や保護者を支える心理援助活動 (7)	日頃の連携で得た情報や援助方法を，子どもや保護者の援助に活かすこと	「やはり子どもとか保護者さんとかにお伝えできたことはあったように思います。それは，本当に自分だけでは探しきれない，知りきれないときもありますものね。そういうのは，情報として広がっていきますよね」「他の機関につなぐときに，「こういう人がいてはるんです。この人と話せるよ」という，その人のキャラを話せるというか，お互いに分かった上で，「今度，こんなときにこういう人が来るからね」とか，「今度はこうだよ」みたいにバトンタッチしていくことができる」「「どんな人か知らないけれど，どうぞ」というよりは，「こんな人だから安心して」と言える方が，保護者さんも子どもさんも安心する」「「あそこの機関にはあの人がいる」とか，私たちにその安心感があると，それは絶対に保護者さんや子どもさんにも影響するというか，当然，先生たちにも影響すると思うし，そういうのは大きいですよね」
	心理職の雇用促進 (3)	心理職雇用の広がりと，市独自の援助システムの創造	「市教委の先生方がシステムを作ってくださり，SC事業や派遣事業はすごく広がったわけだし，最初は個別にちょこちょこ行くものでしかなかったのが，今のように全部にできるだけ登録して，SCの活動をより分厚くして使っていける形に少しずつシフトチェンジしていってもらい，ボランティア勤務をするのではなく，業務として活動できるようやってきた」「面談や会議で予約がパンパンなところに検査は入らないので，そういうときに派遣事業で時間を別にして行かせてもらったりしています」

性の構築】のためには互いの専門性を理解することが大切であり，心理職の役割を理解してもらうためには〈心理職の役割に関する情報発信〉が重要となる。各SCが勤務先の学校で研修やケース会議を通してSCの役割を示しながら，実践を積み重ねていくことは学校との信頼関係を築く上で有効である。それに加えて，市内の管理職や教育相談担当教員などが集う研修会において，SCなど心理職の役割や心理援助の目的や意義について発信することも必要であることが示された。

心理職が学校コミュニティ全体を見据えながら，日頃から【心理職同士の「連携の場」づくり】【多層多次元的な視点の情報共有】【他職種との協働的な関係性の構築】を意識して参画していくことがB市内におけるネットワークを構築することにつながっていた。そして，これら3つの概念は相補的な関係にあり，心理職同士の横の繋がりだけでなく，多職種との関係性を構築する役割を果たしていた。これらの活動の中で，ネットワークに属する一人ひとりが当事者である

子どものために何ができるか考え，目的を共有することが【援助体制を支える要素】の〈土台となる共通感覚〉となっていると推察された。また，事案に応じて柔軟に援助チームを組んだり，バックアップ体制を組めるような〈フレキシブルな援助体制〉の重要性が心理職同士，心理職と教育委員会などとの間で共通理解されていることが【援助体制を支える要素】として機能していた。

【援助体制を発展させる要因】として，〈心理援助の必要性〉のある事案が発生し，〈緊急事態におけるチーム援助〉が行われることが重要な契機となっていた。学校を揺さぶるような出来事が起こると，日頃からのネットワークを活かして〈緊急事態におけるチーム援助〉が行われる。そして事案の終結後，成果と課題について振り返りを行いながら，次のより良い援助につながるよう〈共同研究〉を進めることで，学校コミュニティにおけるネットワークの機能が促進されていた。このような活動の中で共有された工夫や知恵は，【地域や学校における心理援助の促進と発展】に

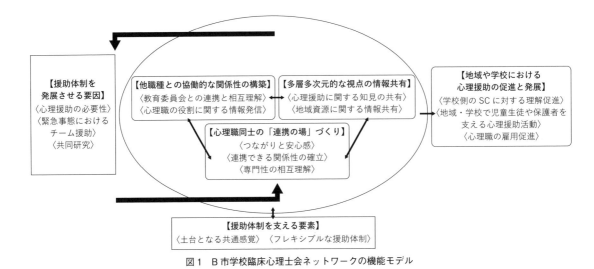

図1　B市学校臨床心理士会ネットワークの機能モデル

つながっていた。学校コミュニティにおいて〈地域・学校での児童生徒や保護者を支える心理援助活動〉が行われる。学校では教職員とSCが協働しながら実践を積み重ねることで，〈学校側のSCに対する理解促進〉につながり，学校内における援助体制にも影響を与えていくと推察された。また，学校コミュニティにおいてスクールカウンセラーやその他の心理職の有用性が認知されることによって，〈心理職の雇用促進〉につながる場合もあった。実際，B市においては，独自の派遣相談システムが創設され拡大されている。このような【地域や学校における心理援助の促進と発展】も学校コミュニティにおける協働的な援助を促進し，相互作用の中でネットワークが変容しながら発展していくダイナミクスが仮定された。

3　モデルの作成

以上のようなストーリーラインの説明により，B市学校臨床心理士会のネットワークに関するカテゴリーと概念の関係について分析し得られたモデルを「B市学校臨床心理士会ネットワークの機能モデル」として図示した。

IV　考察

1　SCなど心理職がネットワークに参画すること

学校コミュニティにおいて各心理職が【心理職同士の「連携の場」づくり】へ参画し【多層多次元的な視点の情報共有】を行っていくことで，まずは心理職が

安心感を得ることに繋がっていることが語られていた。そして，互いに対話を重ねる中で，地域資源に関する情報や悩みを共有したりすることを通して，相互に支え合う場が創造されていた。SCについて，仕事上で迷ったときや困ったときに相談できる人がなかなかいない現状から，一人で抱えてしまうことが多い（大野・今野，2011）と言われている。個人契約でスーパーバイズを受けることに加え，同じ学校コミュニティに属する心理職同士が相互に支え合える心理職同士のネットワークを創り対話の場を設けることで，心理職が一人で抱え込み過ぎることなく，多層多次元的な視点を互いに共有することが可能となり，その学校コミュニティの実態に応じた援助活動の展開につながっているのではないかと考えられた。

研究対象のネットワークは，緊急事態への介入をきっかけの一つとして創られたものである。実際，学校現場を揺さぶるような出来事は，いつ，どのように起こるか予想がつかない。学校の危機とは，「構成員の多くを巻き込む突発的で衝撃的なできごとに遭遇することによって，学校コミュニティが混乱し本来の機能を発揮できない状態に陥ること」（窪田，2020）である。このような危機の状態では，日常の学校体制では対応が不十分であり，また，学校に在籍する児童生徒や教職員も当事者であるという視点が大切である。そのため，教育委員会や心理職が一つのチームとなり介入することが必要となるが，窪田（2019）は，窪田・樋渡・山田・向笠・山下・林（2015），樋渡・窪田・

山田・向笠・山下・林（2015），和田・窪田・石川・丸山・大野・山中…野地（2014）らの研究を踏まえ，「臨床心理士による学校危機後の心理的支援の目的や具体的方法については学校や教育委員会との間はもとより，臨床心理士相互でも十分なコンセンサスが得られていないこと，そのことが支援にあたる臨床心理士の大きな負担となっている」と指摘している。

今回の研究で明らかとなった【心理職同士の「連携の場」づくり】【多層多次元的な視点の情報共有】【他職種との協働的な関係性の構築】に心理職が参画することによって，心理職同士，心理職と多職種相互のネットワーク構築に加えて，そのネットワークは教育委員会を含めて緊急支援に関するコンセンサスを得る場としても機能し，緊急事態へ適切に対応するために備える機会となっていると推察された。そして，このネットワークをプラットフォームとして日頃から対話を積み重ねておくことで，緊急事態発生時にはネットワークが中心となりチームとして援助したり，当該校やSCなどの後方支援に当たったりすることが可能となると思われる。以上のことから，心理職が日頃から学校コミュニティにおいてネットワークを創造し参画していくことの重要性とともに，そのネットワークは学校コミュニティ内の心理社会的な援助を支える資源の一つとして機能していることが示唆された。

2　B市のネットワークのダイナミクスと特徴

本研究から，心理職自らが【他職種との協働的な関係性の構築】を繰り返しながら，学校現場で発生する〈心理援助の必要性〉がある事案をきっかけとして〈緊急事態におけるチーム援助〉を行うこと，そしてその成果と課題について〈共同研究〉を行うことが学校コミュニティに根差したB市のネットワークを維持，発展させていくことにつながっていると考えられた。定森・定森（2019）は，適切な支援の場について，具体的協働作業を根気よく繰り返していけば信頼関係や共感的関係が自ずと創発されると述べ，「信頼も共感もしようとしてできるものではなく，共同作業を共にする中で自ずと生まれる」と論じている。B市のネットワークは，当事者である子どもなどを中心に見据える〈土台となる共通感覚〉を支援者同士が共有しながら，まさに心理職や多職種が共同作業を繰り返し積み重ねる中で信頼関係を構築していると思われる。そして，それが【地域や学校における心理援助の促進と発展】に繋がり相互作用の中でネットワークにも影響を与え，学校コミュニティにおいてネットワークが変容しながら発展していくダイナミクスが考えられる。これらの本研究で得られた知見を踏まえて，学校コミュニティにおけるネットワークの機能について図示したものが図1の「B市学校臨床心理士会ネットワークの機能モデル」である。本研究で抽出された概念が相互に機能することで，学校コミュニティにおける心理援助のネットワークが醸成されていくと考えられる。

ここでB市のネットワークの特徴について考察したい。今回のインタビューにおいて「それが組織の発達と考えた途端に，先に形だけを作ってしまったからそれはあり得ないだろうし，個人が必要としている話の中から形ができあがってきて，点が集まって形になっているようなところがある」「周りはみんなつぶつぶで，このつぶつぶは変わっていくのだけれども，全体として場面に合わせて成長していったりする」という語りが聞かれた。このように，学校コミュニティのニーズや事案の状況に応じて援助方法や構成メンバーを調整し，事案に応じた援助体制を築くことがB市のネットワークの特徴の一つであり，この〈フレキシブルな援助体制〉はより良い援助のための鍵となると考えられた。

船越（2016）は，地域においてネットワークが成立するためには多職種のチームワークに拠ることが必要不可欠であると指摘し，対等な関係と緩やかで可変的で，しなやかなつながりによって活動することが目標になると論じている。津村（2010）は，一瞬一瞬に起きるプロセスは，絶えずとどまることなく変化していることから，「協働」は永遠の課題で，決まりきったアプローチはあり得ないと指摘している。学校コミュニティは，多層多次元的であり，児童生徒，保護者，教職員，学校，関係機関，地域住民，地域文化などが相互に影響し合っている。この相互作用の中で，さまざまな要因が複雑に絡み合っており，現れる問題は多様で複雑性を伴うため，固定化された体制や方法では限界があると考えられる。そのため，学校コミュニティにおいてネットワークが有機的に機能するには〈フレキシブルな援助体制〉の要素が重要であると思われる。もちろん組織としてガイドライン作成など学校コミュニティに応じた緩やかな援助システムを築くことが必要であり，守秘義務に関する共通理解を図るなど倫理的配慮が重要である。その上で，日頃から学校コミュ

ニティにおいて信頼関係のあるネットワークを構築していくことで，援助を必要とする事案が起こった際には心理職や教育委員会の指導主事，スクールソーシャルワーカーなどが互いに検討して援助方針を立てた上で，ニーズに応じた援助チームを構成しフレキシブルに対応することが可能となる。そして，当事者を支える援助プロセスにおいて，当事者やその事案に応じた援助のあり方が繰り返し検討されることで，柔軟性や多様性を兼ね備えたネットワークが創造され，学校コミュニティに浸透していくと考えられる。この〈フレキシブルな援助体制〉という視点は，学校コミュニティにおけるネットワークの在り方に関する実践的な視座となり得るのではないかと思われる。

3 学校コミュニティにおける SC など心理職の在り方

図1「B市学校臨床心理士会ネットワークの機能モデル」で示した通り，心理職が学校の垣根を超えて【心理職同士の「連携の場」づくり】を行いながら，【多層多次元的な視点の情報共有】【他職種との協働的な関係性の構築】をしていくことが，【地域や学校における心理援助の促進と発展】につながり，学校内外の援助体制の構築に影響を与えていることが明らかとなった。このことから，SC など心理職は児童生徒などの当事者を支えるチームの一員であることを自覚しながら，学校コミュニティのネットワークに参画し多様な関係性の中で心理職として役割を担っていくことが求められると思われる。学校で勤務する SC も，勤務する学校内の実践だけでなく，SC 同士や他機関とのネットワークの生成プロセスに目を向けながら，学校の垣根を越えて地域レベルのネットワークに参画することが望まれる。そして，心理職として身をおいた学校現場や学校コミュニティの場で，他職種と役割の差異を共有しながら対応するプロセスにおいて，児童生徒などの当事者に応じた心理援助を協働的に創造していくといった姿勢と視座を持って臨むことが重要だと考えられる。それらは，学校内外において子どもたちを支える援助体制を育むだけでなく，子どもへの心理社会的な援助にあたる心理職の専門性について省察と資質向上の機会となり，心理職としてのアイデンティティを支えるのではないだろうか。【援助体制を発展させる要因】として〈心理援助の必要性〉〈緊急事態におけるチーム援助〉に加えて〈共同研究〉も要

因の一つとして挙げられていた。〈共同研究〉を通して振り返り，成果と課題を明らかにし，次の心理援助に活かしていくことも大切だと思われる。そして，さまざまな問題が複雑化・多様化している現代だからこそ，SC などの心理職が学校内にとどまらず，学校コミュニティにおいて本研究で明らかとなった視座を意識しながら，多職種が対話を積み重ね信頼関係を構築していけるような場を創造していくことが，役割の一つとして求められると考える。

4 本研究の限界と今後の課題

実践はそのコミュニティの持つ多様な要因に規定される。今回の B 市の人口，財政，風土，メンバー構成などの諸要因が揃っているからこそ研究対象となったネットワークが創造され，発展してきたという側面がある。そのため，今回示したようなネットワークのダイナミクスが，どの学校コミュニティでもすぐに再現できるものではない。また，学校コミュニティには医療機関や福祉機関をはじめ，多くの施設や人が関わっている。今回は，心理職を対象としたインタビューからの考察である。今後，ネットワークの在り方について精査していくためには，他職種への調査を行なっていくことが求められる。

▶文献

安梅勅江・高山忠雄（1996）．小規模自治体における保健福祉支援システムの構築　日本保健福祉学会誌，3(1)，37-44.

樋渡孝徳・窪田由紀・山田幸代・向笠章子・山下陽平・林幹男（2015）．臨床心理士アンケートに見る学校危機への緊急支援の実際（2）―支援を行う上での臨床心理士としての困難―　日本心理臨床学会第 34 回秋季大会発表論文集，107.

船越知行（2016）．心理職による地域コンサルテーションとアウトリーチの実践　金子書房

布施彩子（2012）．器としての協働 collaboration　帝京大学カウンセリング研究，創刊号，37-40.

石隈利紀・家近早苗（2021）．スクールカウンセリングのこれから　創元社

伊藤亜矢子（2004）．学校コミュニティ・ベースの包括的予防プログラム　―スクールカウンセラーと学校との新たな共同に向けて―　心理学評論，47(3)，348-361.

木下康仁（2003）．グラウンデッド・セオリー・アプローチの実践　弘文堂

北川　睦・橘　浩太・加藤有加・栗野理恵子（2013）．臨床心理士が関わる地域支援の実践（2）―学校臨床心理

士チームによる地域支援システムの定着・拡大の過程―日本心理臨床学会第32回秋季大会発表論文集，403.

窪田由紀(2009)．臨床実践としてのコミュニティ・アプローチ　金剛出版

窪田由紀（2019）．学校の危機と心理学的支援　窪田由紀・森田美弥子・氏家達夫（監修），河野荘子・金子一史・清河幸子（編著）こころの危機への心理学的アプローチ―個人・コミュニティ・社会の観点から―（pp.95-111）金剛出版

窪田由紀（2020）．学校コミュニティの危機　福岡県臨床心理士会（編），窪田由紀（編著）学校コミュニティへの緊急支援の手引き 第3版（pp.22-44）　金剛出版

窪田由紀・樋渡孝徳・山田幸代・向笠章子・山下陽平・林幹男（2015）．臨床心理士アンケートにみる学校危機への緊急支援の実際（1）―支援の実際～依頼ルート，実施される支援と手応え―　日本心理臨床学会第34回秋季大会発表論文集，106.

宮部　緑・半田知佳・初澤宣子・永江優衣・伊藤亜矢子（2017）．スクールカウンセリングの前提となる学校の諸要素を抽出する試み　お茶の水女子大学心理臨床相談センター紀要，19, 35-47.

村山正治（2020）．スクールカウンセリングの新しいパラダイム　―パーソンセンタード・アプローチ，PICAGIP，オープンダイアローグ―　遠見書房

大野智樹・今野　舞（2011）．公立学校における学校臨床の現状と課題　宮城学院女子大学発達科学研究，11, 33-42.

定森恭司・定森露子（2019）．ホロニカル・アプローチ―統合的アプローチによる心理・社会的支援―　遠見書房

橘　浩太・北川　睦・加藤有加・栗野理恵子（2013）．臨床心理士が関わる地域支援の実践（1）―出発点としての教育委員会との連携態勢の構築過程の分析―　日本心理臨床学会第32回秋季大会発表論文集，402.

竹森元彦（2012）．コミュニティにおけるカウンセリングの内部性と外部性の概念と包括的機能　香川大学教育学部研究報告 第I部，138, 51-61.

坪田祐季（2021）．スクールカウンセリングにおける心理援助の現状と課題　―スクールカウンセラーの歴史と実践に着目して―　大阪経大論集，72(1), 113-126.

坪田祐季（2022）．チーム学校における心理援助とスクールカウンセラーの役割　大阪経大論集，72(5), 85-93.

津村俊充（2010）．チームに協働を生み出すためには，プロセスの視点を　南山大学人間関係研究センター人間関係研究，9, i.

和田浩平・窪田由紀・石川雅健・丸山笑里佳・大野志保・山中大貴…野地麻奈美（2014）．生徒の死亡事故を体験した学校への支援の在り方についての検討　―複線径路・等至性モデル（TEM）を用いた臨床心理士の語りの分析から―　日本学校心理学会第16回大会プログラム発表論文集，90.

山口豊一・新　彩子・奥田菜津子（2014）．学校コミュニティでスクールカウンセラー等の心理職を活用するためのシステム開発　―A中学校においての実践的研究―　教育実践学研究，18, 1-10.

The Significance of School Counselors and Other Psychologists Participation in School Community Networks : A Practical Example from City B

Yuki Tsubota [1], Kenji Kawano [2]

1) Osaka University of Economics
2) Ritsumeikan University

The purpose of this study is to clarify the significance of the participation of school counselors (SC) and other psychologists in networks in school communities and to examine the dynamics of these networks. The grounded theory approach was used to analyze the relationship between categories and concepts, and a model diagram was created. This study suggests that psychologists' participation in the school community network builds trust both among psychologists and between psychologists and other professionals, and that the network also functions as a forum, which includes the school board, for reaching consensus on crisis intervention of school. It was concluded that it is important for SC and other psychologists to be aware that they are part of a team that supports students in the school community, and to have an attitude and perspective that allows them to collaboratively create the aforementioned school community networks.

Keywords : school community, school counselor, psychologists, network, M-GTA

実践研究論文の投稿のお誘い

　『臨床心理学』誌の投稿欄は，臨床心理学における実践研究の発展を目指しています。一人でも多くの臨床家が研究活動に関わり，対象や臨床現場に合った多様な研究方法が開発・発展され，研究の質が高まることで，臨床心理学における「エビデンス」について活発な議論が展開されることを望んでいます。そして，研究から得られた知見が臨床家だけでなく，対人援助に関わる人たちの役に立ち，そして政策にも影響を与えるように社会的な有用性をもつことがさらに大きな目標になります。本誌投稿欄では，読者とともに臨床心理学の将来を作っていくための場となるように，数多くの優れた研究と実践の取り組みを紹介していきます。

　本誌投稿欄では，臨床心理学の実践活動に関わる論文の投稿を受け付けています。実践研究という場合，実践の場である臨床現場で集めたデータを対象としていること，実践活動そのものを対象としていること，実践活動に役立つ基礎的研究などを広く含みます。また，臨床心理学的介入の効果，プロセス，実践家の訓練と職業的成長，心理的支援活動のあり方など，臨床心理学実践のすべての側面を含みます。

　論文は，以下の5区分の種別を対象とします。

論文種別	規定枚数
①原著論文	40枚
②理論・研究法論文	40枚
③系統的事例研究論文	40枚
④展望・レビュー論文	40枚
⑤資料論文	20枚

　①「原著論文」と⑤「資料論文」は，系統的な方法に基づいた研究論文が対象となります。明確な研究計画を立てたうえで，心理学の研究方法に沿って実施された研究に基づいた論文です。新たに，臨床理論および研究方法を紹介する，②「理論・研究法論文」も投稿の対象として加えました。ここには，新たな臨床概念，介入技法，研究方法，訓練方法の紹介，論争となるトピックに関する検討が含まれます。理論家，臨床家，研究者，訓練者に刺激を与える実践と関連するテーマに関して具体例を通して解説する論文を広く含みます。④「展望・レビュー論文」は，テーマとなる事柄に関して，幅広く系統的な先行研究のレビューに基づいて論を展開し，重要な研究領域や臨床的問題を具体的に示すことが期待されます。

　③「系統的事例研究論文」については，単なる実施事例の報告ではなく，以下の基準を満たしていることが必要です。

①当該事例が選ばれた理由・意義が明確である，新たな知見を提供する，これまでの通説の反証となる，特異な事例として注目に値する，事例研究以外の方法では接近できない（または事例研究法によってはじめて接近が可能になる），などの根拠が明確である。
②適切な先行研究のレビューがなされており，研究の背景が明確に示される。
③データ収集および分析が系統的な方法に導かれており，その分析プロセスに関する信憑性が示される。
④できる限り，クライエントの改善に関して客観的な指標を示す。

　本誌投稿欄は，厳格な査読システムをとっています。査読委員長または査読副委員長が，投稿論文のテーマおよび方法からふさわしい査読者2名を指名し，それぞれが独立して査読を行います。査読者は，査読委員およびその分野において顕著な研究業績をもつ研究者に依頼します。投稿者の氏名，所属に関する情報は排除し，匿名性を維持し，独立性があり，公平で迅速な査読審査を目指しています。

　投稿論文で発表される研究は，投稿者の所属団体の倫理規定に基づいて，協力者・参加者のプライバシーと人権の保護に十分に配慮したうえで実施されたことを示してください。所属機関または研究実施機関において倫理審査，またはそれに代わる審査を受け，承認を受けていることを原則とします。

　本誌は，第9巻第1号より，基礎的な研究に加えて，臨床心理学にとどまらず，教育，発達実践，社会実践も含めた「従来の慣習にとらわれない発想」の論文の募集を始めました。このたび，より多くの方々から投稿していただけるように，さらに投稿論文の幅を広げました。世界的にエビデンスを重視する動きがあるなかで，さまざまな研究方法の可能性を検討し，研究対象も広げていくことが，日本においても急務です。そのために日本の実践家や研究者が，成果を発表する場所を作り，活発に議論できることを祈念しております。

（査読委員長：岩壁 茂）（2017年3月10日改訂）

新刊案内

Ψ金剛出版　〒112-0005　東京都文京区水道1-5-16　Tel. 03-3815-6661　Fax. 03-3818-6848
e-mail eigyo@kongoshuppan.co.jp　URL https://www.kongoshuppan.co.jp/

PTSD治療ガイドライン 第3版

[編] デイヴィッド・フォーブス　ジョナサン・I・ビッソン
キャンディス・M・モンソン　ルーシー・バーリナー
[監訳] 飛鳥井望　[訳] 飛鳥井望　亀岡智美

本書は，国際トラウマティック・ストレス学会によるPTSDの予防と治療ガイドラインにおける治療推奨を第7章に掲載している。旧版以降のトラウマ焦点化治療のPTSDに対する強固なエビデンスは揺らぐことはなく，本版では初めてトラウマ焦点化治療の技法ごとに［PE（第12章），CPT（第13章），EMDR（第14章），認知療法（第15章）］章が設けられた。これらは実証的な裏付けにより「強い推奨」を得ている。PTSDの治療介入と周辺テーマの全体像を，複合的視点で俯瞰することができる。　　定価9,350円

複雑性PTSDの理解と回復
子ども時代のトラウマを癒すコンパッションとセルフケア

[著] アリエル・シュワルツ
[訳] 野坂祐子

本書では，ソマティック・アプローチとマインドフルネスを基盤としたトラウマ臨床で成果を上げている著者が，自分にコンパッション（思いやり）を向けることに焦点をあてて，身体と心を癒していくセルフケアのスキルを紹介している。よくみられる症状や感情調節，対人関係の問題などへの対処法，また，複雑性PTSDをかかえる人の体験談を自分のペースで読み進め実践していくことで，子ども時代のトラウマから自分の人生を取り戻すための道を歩むことができるだろう。　　定価3,080円

親子は生きづらい
"トランスジェンダー"をめぐる家族の物語

[著] 勝又栄政

"僕"と"母"。親子それぞれの肉声で語られる物語は，溶け合うことなく互いに時を刻み，やがて予期せぬ軌道を描いてゆく——。本書は，年月を重ねるごとに変化する，トランスジェンダーを取り巻く問題が克明に記されるとともに，戸惑いや葛藤を行きつ戻りつして進む本音が生々しく語られるノンフィクション作品。家族だからこそ伝わらない複雑な想い。理解とは何か。共に生きるとは何か。この小さなひとつの家族の物語に，どこか「わたしたち」自身の姿を見出さずにはいられない。「違ったままで，でも共に」生きるという結論にたどりついた，家族の物語を紐解いていく。　　定価3,740円

価格は10%税込です。

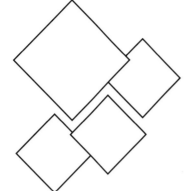

金剛出版オンラインイベント

アーカイブ動画
レンタル配信

金剛出版主催の過去のオンラインイベント（一部）のレンタル配信サービス
をスタートいたしました。Vimeo（動画配信サイト）よりお申込み・視聴
頂けますのでぜひご利用ください。

充実の講師陣でお届けする、オンラインイベントの熱気を再び！

◆配信イベント

収録日	イベント名
【2022年】	
5月16日	アーロン・T・ベックの認知療法
	【演者】井上和臣・清瀬千彰・若井貴史
4月18日	コロナとメンタルヘルス
	【演者】高橋祥友・和田秀樹
3月18日	対話はひらかれ，そしてケアがうまれる
	──物語・ユーモア・ポリフォニー
	【演者】横道 誠・斎藤 環・小川公代
3月 7日	認知行動療法のケース・フォーミュレーション
	【演者】坂野雄二・中村伸一・遊佐安一郎
2月14日	日常生活で取り組めるウェルビーイングの育て方
	──ポジティブサイコロジーの視点
	【演者】松隈信一郎
【2021年】	
12月17日	働く人の健康支援のはじめかた
	──「産業・労働」分野で求められる心理職とは？
	【演者】小山文彦・宮沢佳子・加藤綾華
10月 4日	物質依存／ひきこもりへのCRAFT
	【演者】松本俊彦・境 泉洋・佐藤彩有里・山本 彩
9月13日	セルフ・コンパッション活用術
	【演者】石村郁夫・岸本早苗
7月12日	関係精神分析への招待：米国の新しい精神分析の潮流を知る
	【演者】吾妻 壮・岡野憲一郎・横井公一
6月20日	心理療法のさまよい方
	──カルトとエビデンスを巡る、精神分析×認知行動療法の対話
	【演者】上田勝久・三田村仰・山崎孝明
6月 5日	精神分析は生き残れるか？──愛と批判が燃え盛る炎のブックトーク
	【演者】藤山直樹・東畑開人・山崎孝明

Ψ 金剛出版

東京都文京区水道1-5-16　電話 03-3815-6661　FAX 03-3818-6848
https://www.kongoshuppan.co.jp/

QRコードから
Vimeo金剛出版
オンデマンドページに
アクセスできます。

臨床心理学 ＊ 最新研究レポート シーズン 3
THE NEWEST RESEARCH REPORT SEASON 3

第**38**回

心理療法における変容メカニズムを調べるプロセス研究
スキーマ療法における修正感情体験の課題分析

Gülüm IV & Soygüt G (2022) Limited reparenting as a corrective emotional experience in schema therapy : A preliminary task analysis. Psychotherapy Research 32-2 ; 263-276. https://doi.org/10.1080/10503307.2021.1921301

中村香理 *Kaori Nakamura*
［お茶の水女子大学基幹研究院］

Ⅰ　はじめに

　心理療法プロセス研究とは，心理療法において変容を起こすプロセスに関する研究である。面接中のセラピストとクライエントの行動およびやりとり，それぞれの主観的体験などに基づいて，心理療法における変容メカニズムを調べる（Elliott, 2010；岩壁，2008）。今回紹介する論文は，プロセス研究のなかでも課題分析という手法を用いて，スキーマ療法における修正感情体験のモデル生成を試みたものである。

　修正感情体験について特に若い世代の方にはあまりなじみがないかもしれない。筆者も心理療法の専門的な学びを始めた頃にはあまりよくわかっていなかったというのが正直なところだ。しかし，調べてみると，修正感情体験は心理療法プロセス研究において注目されるトピックのひとつであり，治療関係や感情体験といった重要な要素を含むものだとわかり関心をもった。本稿では，修正感情体験の理論の概要，課題分析の方法論について述べ，Gülüm & Soygüt（2022）の研究結果について説明する。

Ⅱ　修正感情体験とスキーマ療法

　修正感情体験はもともと，Alexander & French（1946）によって，「古い未解決の葛藤を新しい結末で再体験すること」と定義されていた（p.338）。それは「クライエントが過去に対処できなかった感情状況を，より好ましい治療関係のなかで追体験することによって，過去の体験の外傷的な影響を修復すること」を意味する（岩壁，2013, p.197）。修正感情体験は古典的精神分析を修正する概念のひとつとして提唱され，さまざまな批判や論争を巻き起こしたが，次第に異なる心理療法アプローチに共通する変容メカニズムのひとつとして注目を集めるようになった。実際に近年，より広く包括的な「修正体験」として再定義され，精神力動アプローチ，ヒューマニスティック・アプローチ，認知行動アプローチなど異なる立場の臨床家・研究者が協力してその研究を進めるプロジェクトにも発展している（Castonguay & Hill, 2012）。

　スキーマ療法は，パーソナリティ障害，慢性的な感情や関係の問題の治療に用いられる心理療法アプローチである。Jeffrey E Young によって開発され，認知療法，行動療法，精神力動療法，愛着理論，ゲシュタルト療法を組み合わせた統合的

なアプローチがとられる。治療関係はスキーマ療法の最も重要な要素のひとつであり，治療的再養育（limited reparenting）を提供する。つまり，心理療法の適切な範囲内で，クライエントの中核的な感情的ニーズを満たすことにも活用される。セラピストは，健康な大人（healthy adult）として，安心できる環境を提供し，また発達初期の有害な養育に対する解毒剤として機能する体験を促進する。これは修正感情体験の一形態と捉えることができる。

III　課題分析

　課題分析とは，クライエントがある特定の心理的課題に取り組んでいる面接場面を集め，その課題の解決に必要な要素やステップを特定することによって，介入モデルを開発する方法である（Greenberg, 2007；岩壁，2008）。課題分析は主に，発見段階と検証段階の2つの段階からなる。発見段階において，研究者はまず，文献や調査，事例観察などに基づいて仮説を立て，セラピストの介入などの課題環境やクライエントの行動についての理論的な前提に基づいて論理モデルを生成する。次に，実際のセラピーの面接録画やその逐語録を用いて，課題の解決に必要な本質的要素を観察，記述，比較することによって実証モデルを生成する。これらの場面は，純金サンプリングを用いて，その課題の本質的要素を抜き出しやすい理想的な例として選ばれる。研究者はさらに臨床データを加えることによって，論理モデルと実証モデルを統合し，そのプロセスを量的に測定する方法を検討する。検証段階は，このようにして生成されたモデルを新しいより大きなデータセットを用いて検証する段階である。最終的に大規模な効果研究のなかで，その課題が含まれる心理療法全体の効果を検証していく。このように，課題分析は質的研究から量的研究へ展開される一連の長期におよぶ研究プロジェクトといえる。

　Gülüm & Soygüt（2022）は，スキーマ療法における治療的再養育のプロセスを詳細に理解するため，課題分析の発見段階に取り組んだ。彼らはまず，スキーマ療法の理論，心理療法に関する文献，研究者の経験に基づいて，論理モデルを生成した。次に，包括的な論理−実証モデルの構築に向けて，5つの面接場面を用いて論理モデルの検証を行い，予備的な実証モデルを生成した。これらの面接場面は，5人のセラピストがスキーマ療法のセラピストとして認定されるための申請時に使用したもので，治療的再養育のプロセスの一部としてイメージ法やチェアワークが用いられていた。

IV　予備的な実証モデルと具体例

　図に予備的な実証モデルを示す。課題は，クライエントがスキーマに関連する可能性のある状況や体験を語ることから始まる。セラピストがスキーマの関連性に気づき，それを説明し，以前の面接の題材とつなげると，クライエントもそれに気づくようになる。例えば，新しいボーイフレンドとの関係について語るクライエントＡに，セラピストが「思い起こせば，前回ボーイフレンドができたときもこんな気持ちでしたね」と伝えると，クライエントは「確かに見捨てられることへの恐怖があります。この恐怖のせいでどう振る舞えばいいのかわからない。相手のことも怖くなるんです」と語った。

　続いてセラピストは，認知的・行動的・対人的・体験的技法を用いながら，クライエントの体験を促進・認証し，スキーマと発達初期の有害な体験との関連性の探索から，クライエントの満たされないニーズを理解し，適切に応答していく。そのなかで，クライエントは自分のことを気にかけ，自分のニーズを満たそうとしてくれる人がいることを理解し，そう感じるようになる。例えば，ボーイフレンドに見捨てられるのではないかと恐怖を抱くクライエントＡは，特に夜になると孤独を感じていた。それは子どもの頃と同じ体験であった。以下の場面は，イメージ法を用い，クライエントの満たされないニーズを理解し，適切に応答することに取り組む場面である。

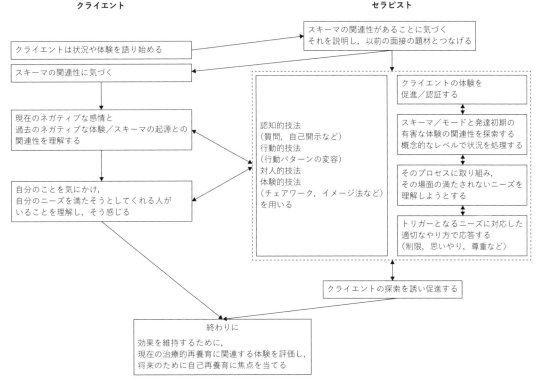

図　予備的な実証モデル

クライエントA：（目を閉じる）もしかしたら，彼女（すなわち，小さなA）と一緒にいられるかもしれない。

セラピスト：彼女と一緒にそこにいたいですか？　彼女（傷つきやすい子ども）は一人で，このネガティブな気持ちを乗り越えようとしています。彼女が見えますか？

クライエントA：彼女はとても絶望的な顔をしています。

セラピスト：彼女は今，何をしていますか？

クライエントA：彼女は震えています。

セラピスト：震えている……彼女にはあなたが見えますか？　彼女は何を必要としていますか？　何が彼女を楽にするのでしょうか？

クライエントA：彼女と話し始めました。「怖がらないで。私は健康な大人として，あなたと一緒にここにいるわ。私はいつもあなたと一緒にいるわ。そう，私たちは悪いことを経験してきた，あなたは時々それを思い出してしまう。でも，私はあな

たと一緒にいる，あなたを抱きしめるわ」。

セラピスト：とてもいいですね。いいですね。彼女が恐れていることは何でしょうか？

クライエントA：一人になること，一人にされること。

セラピスト：でも今あなたは彼女と一緒にいます。あなたは彼女を一人にさせないでしょう。年月を経て，彼女には信頼できる大人がいます。それはあなたです。

　このように，クライエントAは，イメージのなかで子どもの自分のニーズを大人の自分が満たすことに取り組んだ。セラピストはクライエントの体験やニーズを理解し，肯定しながら，そのプロセスを導いていった。クライエントにとっては，セラピストもまた一緒にいてくれる人として体験されただろう。

　課題の終わりに，セラピストとクライエントが将来のために自己再養育（self-reparenting）に焦

点を当てる。2人は，スキーマが引き起こされたときに取ることができる適切な行動について話し合って合意する。クライエントAは，不安や恐怖を感じたときに子どもの自分のニーズや気持ちを観察することについて話し合った。

V 紹介者からのコメント

本研究は，課題分析を用いてスキーマ療法における修正感情体験のプロセスを明らかにするものであった。心理療法プロセス研究における課題分析はもともと，クライエント側の変容プロセスのみを対象とすることが多かったが，本研究はセラピスト側の介入プロセスも対象とし，モデルに組み込んでいる。むしろそちらの方が細かく描写されているほどだ。これは，修正感情体験にはセラピストの関わりが重要であることを示唆するものかもしれない。モデルにはさまざまな技法が並んでいるが，クライエントの体験やニーズを理解し，肯定することは，他の心理療法アプローチにも共通する要素であると考えられる。

修正感情体験は心理療法の中心的な変容メカニズムのひとつとして多くの臨床家の関心を集めてきた。臨床家の関心を研究に反映させ，臨床的に関連した情報を臨床家に返すことは，心理療法における研究と実践の隔たりを橋渡しする方法のひ

とつである（Castonguay, 2011）。研究と実践を結びつけ相互に発展させる心理療法プロセス研究に取り組むことは，科学者–実践者モデルのひとつの形にもなるだろう。

▶文献

Alexander F & French TM (1946) Psychoanalytic Therapy : Principles and Application. Ronald Press.

Castonguay LG (2011) Psychotherapy, psychopathology, research and practice : Pathways of connections and integration. Psychotherapy Research 21-2 ; 125-140.

Castonguay LG & Hill CE (Eds) (2012) Transformation in Psychotherapy : Corrective Experiences across Cognitive Behavioral, Humanistic and Psychodynamic Approaches. American Psychological Association.

Elliott R (2010) Psychotherapy change process research : Realizing the promise. Psychotherapy Research 20-2 ; 123-135.

Greenberg LS (2007) A guide to conducting a task analysis of psychotherapeutic change. Psychotherapy Research 17-1 ; 15-30.

Gülüm IV & Soygüt G (2022) Limited reparenting as a corrective emotional experience in schema therapy : A preliminary task analysis. Psychotherapy Research 32-2 ; 263-276.

岩壁茂 (2008) プロセス研究の方法. 新曜社.

岩壁茂 (2013) 統合的アプローチ. In：岩壁茂, 福島哲夫, 伊藤絵美：臨床心理学入門—多様なアプローチを越境する. 有斐閣 [有斐閣アルマ], pp.193-209.

♪ 主題と変奏──臨床便り

第**59**回

うらみの苦悩

鈴木拓朗

［富山大学］

　私が"うらみ"を研究するに至った背景と，今後の展望について記してみたい。

　私はもともと犯罪心理学に関心があり，特に粗暴行為に出る加害者の心を理解し，更生や立ち直りに貢献したいと考えていた。そんなとき，とあるストーカー事件の報道を耳にした。それは，男が自分の好意を拒絶した女性に対して強い"うらみ"を抱き，執拗な嫌がらせを繰り返した事件であった。私はこの"うらみ"という言葉に妙に引っかかりを感じ，ストーカーについて調べるようになった。そのなかで日本のストーカー規制法では怨恨の感情（うらみ）がストーキングの動機のひとつとして規定されていることを知り，「うらみの特徴を明らかにできれば，ストーカーの心理を理解することにつながるのでは！」と考え，"うらみ"の先行文献を読み漁るようになった。

　そのなかで，山野保氏の著書『「うらみ」の心理』と出会った。そこでは，うらみは単なる攻撃的な感情ではなく，その背景には甘えの感情が潜在していると指摘されていた。さらに，うらみには表立ってやり返せない無力感が伴うため，当人の心の健康にも関わる重要な概念であると強調されていた。私はこれを読み，うらみが問題になるのは犯罪行為だけではないということに気づいた。甘えが指す力動的な意味合いまでは汲み取りきれていないかもしれないが，「うらんでいるけれど，甘えたい（肯定的に受け入れてほしい）」という葛藤的な気持ちは，心理的な混乱を生むだろう。さらには思い通りにならない状況に対する無力さも感じているとすれば，うらむことは苦しいこと

なのかもしれないと思えた。そこから，ストーカーに限らず，誰しもが抱くうらみに注目し，その心理的な特徴を明らかにする研究を始めた。

　まず，実際にうらみを感じたことがある人にインタビュー調査を行った。そこでは「努力してつかんだ仕事の業績を上司に不当に横取りされた」「尽くしてきた交際相手に別の異性の相手ができて捨てられた」などのエピソードが語られており，どの人も怒りをにじませた語り口ではあったが，合間に見せる鬱々とした表情が印象的であった。彼らは強い被害者意識を持ちながらも，どうすることもできない事態に圧倒されていたり，きっかけとなったつらい出来事を繰り返し思い出しては，何度も当時の感情を蘇らせていたり，自分の気持ちを受け入れてほしいと密かに願っていた……やはり，うらみを抱える人々はさまざまな思いのなかで苦しみ，その経験に囚われているようだった。

　そこから，私は彼らの苦悩をどうにか解消できないものかと考え，有効な手立てにつながる研究を構想し，現在に至っている。臨床現場においても，うらみを抱えた人々の見えにくい苦悩を探りながら，彼らが囚われから解放される道を模索している。うらみを抱える犯罪加害者の立ち直りに資するものになればとも期待しながら，今は一つひとつ知見を積み重ねているところである。

▶ 文献

山野保（1989）「うらみ」の心理─その洞察と解消のために. 創元社.

📖 書評 BOOK REVIEW

L・ゴールディ＋J・デマレ［編著］
平井正三・鈴木 誠［監訳］

がん患者の語りを聴くということ
──病棟での心理療法の実践から

誠信書房・A5判並製
2022年7月刊行
3,520円（税込）

評者＝**岩満優美**（北里大学大学院医療系研究科）

　本書では，精神科医で精神分析的心理療法士の資格をもつ著者が，がん患者の心理療法について，20年近くにわたる臨床実践と研究に基づいて，「患者の人としての尊厳を重視する」臨床実践を，多くの事例と共に紹介している。

　著者は，がんを患うことを「戦争状況で最前線にいること」に例え，それを一種の「砲撃ショック」であると述べている。そして，患者の苦しみや喪失体験に寄り添い，受け止めること，精神分析家のWilfred Bionの概念を用いると，不安の「器」として，心理療法家が機能すること，つまり，心理療法家が患者の不安を包容すること（受け止め）で，がん患者は不安に圧倒されずに，未来を感じるようになることを強調している。これはがん患者の心のケアにおける基本姿勢である，支持的精神療法や全人的医療へとつながる考えでもあると言える。著者は，がん患者の心理療法では，柔軟に臨機応変にその面接の枠組みを変更しながら，「患者のための時間を設けて，その時間，患者の言葉に耳を傾けること」がいかに大切かを繰り返し述べている。

　一方，医療者の立場に立つと，患者に「悪い知らせ」を伝えることは，大きな心理的負担である。最近では，患者と医療者とのコミュニケーション，あるいは「悪い知らせの伝え方」などの研修も開催され，患者の心に配慮した伝え方が日本でも徐々に浸透してきている。そして「悪い知らせ」を伝えられたがん患者がその真実に向き合い，受け入れるには時間が必要であるし，「悪い知らせ」を受け入れる過程では，がん患者と「一緒にいる」姿勢が医療者には求められる。著者は，「精神分析的心理療法」を，がん患者の不要な不安を

軽減させるために，そして，もし患者の苦しみが避けられない場合には，その苦しみと共に生きるために役立つ真理を追究するために用いている。さらに，医療チームの連携の在り方についても触れ，医療者と患者が，お互いに理解できる言葉でコミュニケーションを行うことが「協働的」なチームへと導くことを紹介している。

　サイコオンコロジー（精神腫瘍学）分野で著名なJimmie Hollandは，がん患者の心理的苦悩として，①死の恐怖，②医療者への依存，③人生目標の中断，④人間関係の途絶，⑤容姿の変貌，⑥倦怠，痛み，においなどの不快感，という6つを挙げている。心理職が，このような心理的苦悩を抱えるがん患者に心から耳を傾け，患者一人ひとりの背景を理解し，そしてその心理的苦悩を受け入れ，患者と共にいる姿勢が大切であることは言うまでもないが，それを実践することは簡単ではない。

　「一人ひとりの人として敬意をもって接し，その人の語る物語を聴いていく実践」を提示している本書は，精神分析だけでなく全てのがん医療や緩和医療に携わる心理職に，そしてがん医療に携わる医療者にもぜひお薦めしたい一冊である。

B・F・スキナー ［著］

坂上貴之・三田地真実 ［訳］

スキナーの徹底的行動主義
——20の批判に答える

誠信書房・A5判並製
2022年5月刊行
4,180円（税込）

評者＝田中善大（大阪樟蔭女子大学）

　本書は，行動分析学の創始者であるスキナー（Burrhus Frederic Skinner : 1904-1991）によって書かれた徹底的行動主義に関する書籍 *About Behaviorism* の翻訳である。行動分析学は，基礎科学と応用科学の2つの側面を持っており，応用科学の研究が展開するなかで，ポジティブ行動支援（Positive Behavior Support : PBS），臨床行動分析（Clinical Behavior Analysis : CBA），アクセプタンス＆コミットメント・セラピー（Acceptance and Commitment Therapy : ACT）などが生まれてきた。行動分析学における2つの科学を支える哲学が，本書で解説されている徹底的行動主義である。

　徹底的行動主義では，「心」や「意識」と呼ばれるような心的事象を行動の原因とは考えず，その原因を環境に求める。ここでの環境には，個体の生涯における過去と現在の環境だけでなく，種の進化に影響する環境も含まれる。本書の第1章では，行動の原因を環境に求めて，その影響（効果，貢献）に関する情報を得ることが，行動の予測と制御に役立つことに加えて，「皮膚の内側の世界の効果や自己知識の性質を吟味すること」や「たくさん存在する心理主義的な表現を解釈すること」を可能にすることが指摘されている。第2章以降では，この「たくさん存在する心理主義的な表現」について，行動と環境という枠組みを用いた徹底的行動主義的な"行動への翻訳"が徹底的に行われる。

　本書における"行動への翻訳"の対象は，多岐にわたる。例えば，「考える」「知っている」「知覚する」「動機づけ・情動」「自己」「自由意志」「文化」「科学的な法則」などについて"行動への翻訳"が行われる。また"行動への翻訳"は，「フロイトの防衛機制」「エリクソンの自我の発達の8段階」などの精神分析に関するものまで対象とされる。

　本書の"行動への翻訳"に触れることによって，読者は徹底的行動主義について理解を深めることができる。読者は多くの"翻訳"を通して，自分たちがいかに行動に対する心的事象の影響に目を奪われているのか，その一方で，いかに環境の影響に目を向けていないのかについて理解することになるだろう。加えて，この"翻訳"が，自分たちにとっていかに新しく，そして重要な（機能的な）ものかについても知ることになるだろう。「"翻訳"の重要性について知ること」と，「実際に"翻訳"すること」は，別の行動であるが，どちらの行動の習得にも本書は役立つものである（一度読めば，すぐに習得できるというようなものではないかもしれないが）。

　最後に本書の翻訳の魅力について述べる。本書の英語から日本語への翻訳は，一流の行動分析家2名によって行われたものである。「訳者あとがき」には，この翻訳作業が10年にわたるものであったことや，その作業がいかに丁寧なものであったのかが書かれている。この丁寧な作業によって，本書の日本語はとても読みやすいものとなっている（内容の理解が容易という意味ではない）。また，「訳者まえがき」には，読者の理解を助けるための工夫として，各章の冒頭にその章の見取り図となる解説を加えたことや，本文中の随所に追記や訳注を加えたことが書かれている。この追加された部分が本書の理解を本当に助けてくれる。本書は Skinner による徹底した"行動への翻訳"を2名の行動分析家が丁寧かつ効果的（機能的）に翻訳したものであり，この徹底的で機能的な2つの〈翻訳〉が，本書の魅力なのである。

横光健吾ほか［編著］
代替行動の臨床実践ガイド
——「ついやってしまう」『やめられない』の〈やり方〉を変えるカウンセリング

北大路書房・A5判並製
2022年6月刊行
3,080円（税込）

評者＝**柳澤博紀**／おでこひろのり（犬山病院）

「大体あなたね，行動療法でどうやってスクールカウンセリングとか適応指導教室の仕事ができるのよ，ねえ！　どうなの！……何か言いなさいよ！」。

17年ほど前，私が某資格認定試験の二次試験で体験した（たぶん）圧迫面接の一コマだ。その試験官の先生は私が提出した事前資料を見て一言目か二言目にそれを言い放った。「大体，行動療法をやっていると誤解され偏見を向けられる」。それが当時の私（たち）の中では当然だったから，その面接の状況も想定内だった。当時はいわゆる"力動系"の先生方が"大隊"をなしているように感じられたものだ。

その面接での私の対応は（もちろんうろ覚えだが），確か大腿骨の辺りの筋肉にぐっと力を入れながら，表情は伏し目がちで，気落ちした声で「そうですよね。先生がそのように言うのはもっともかもしれません……」という返答だった（と思う）。この"白旗代替行動"の作戦を選択したおかげで（かは分からないが）試験は無事に合格した。

それから少し経った頃から，世の中の風潮は少しずつ変わってきた。心理療法にも"エビデンスが重要"という認識が広がり，"有効"とされる心理療法が求められる風潮が強くなってきた。"大隊"をなしているように感じられた"力動的"なオリエンテーションの先生方のなかにも"認知行動療法を適宜臨床に取り入れる"という"ちゃんぽん代替行動"を選択する人たちも多く登場してきた。認知行動療法（の一部）はよい意味でマニュアル的で，忠実に実施すれば大体の効果は出るので，それはそれで否定するつもりは毛頭ない。

しかし実際の認知行動療法（私の場合は「成人臨床における応用行動分析」および「臨床行動分析」）は，決してマニュアル的ではない。目の前の個々に応じた支援を柔軟に組み立てて展開していくものだ。

前置きが長くなった。本書は現代の行動療法・認知行動療法の"実践例"を知るのに適した一冊と言える。目次を見開けば（一部省略するが）「夜更かし」「気分の波」「回避行動／抗不安行動」「依存（ギャンブル，飲酒，喫煙，性的な問題行動，自傷行為）」「問題をもった家族とのやりとり」など，人間が「ついやってしまう」行動の数々の例が挙げられている。そして，それぞれの困りごとに対して各執筆者が改善のために取り組んだ代替行動による「工夫」を存分に目にすることができる。まるでいくつもの事例検討会に出席しているような疑似体験ができる。そしてさまざまな臨床実践のアイデアを知ることができたりする。そんなお得な一冊であるから，ぜひ多くの実践家にお勧めしたい。

最後に，特に注意して読んでいただきたい点を挙げる（あとがきを書かれた入江智也氏も触れている）。代替行動は個々のケースフォーミュレーション（≒機能的アセスメント）に基づいて意図的に選択されるものであるということだ。この本に出てきたアイデアだけを参考にして"大体の感覚で代替行動を選択する"ようなことがあると上手くいかない可能性が高い，ということだけお伝えしておきたい。第一にアセスメントが重要ということである。機能的アセスメントに関して詳しくは『臨床心理学』第22巻第4号「アセスメントで行動の意味を探求しよう！——ポジティブ行動支援（PBS）と臨床行動分析」に譲ろう。

さて，せっかくいただいた人生最初（で最後？）の書評を，「"だいたい"を文章の中に散りばめる代替行動」で収めようとしているが，これは機能しているだろうか。

ドナルド・ロバートソン［著］
東畑開人・藤井翔太［監訳］
認知行動療法の哲学
——ストア派と哲学的治療の系譜

金剛出版・A5判並製
2022年7月刊行
3,960円（税込）

評者＝岩壁　茂（立命館大学）

評者は大学生のころ，実存主義哲学に惹かれた。どこまで理解できていたか疑わしいが，一瞬一瞬の時間，出会い，孤独，死に関して，それまでになかったやり方でみるだけでなく体験できるようになった。その後，心理療法を学び，再び実存主義哲学の本に戻った。ヒューマニスティック・アプローチの心理療法は，実存主義やBuberの対話の哲学に基礎をおくことを公言しているが，その臨床家の一つひとつの関わりの仕方にそれらの思想が反映されていることに感動したのを覚えている。

本書は，ストア派の哲学と認知行動療法の親密な関係をなぞる極めて大胆な一冊である。認知行動療法の起源を古代ギリシャ・ローマのストア哲学の系譜と結びつけ，「理性」だけでなく，マインドフルネスや自己分析，そして第3世代の行動療法に至るまで見事に解説している。前半では，認知行動療法とストア派哲学の共通性について検討している。後半では，ストア派哲学の実践そのものの治療的意義について探求しており，哲学の日常的実践という新たな可能性が描かれている。

監訳者・東畑開人氏の「癒やしとしての理性」という表現が響いた。理性の危うさを示したのは精神分析であり，ヒューマニスティック・アプローチも人間の体験が理性以上のものであることを指摘した。これらの心理療法では，むしろ，癒やされる必要があったのは理性だったかもしれない。もし理性が癒やしとなるのであれば，それに先だって残酷なまでに不合理な世界が存在したからであろう。著者も指摘しているが，古代ストア派の哲学者らは，死別，拷問，流刑，病弱，戦争，陰謀，裏切りを目の当たりにしてきたからこそ，理性が支えとなり，さまざまな感情を昇華するための生の技法になったはずである。

評者は，認知行動療法について，うつや不安をもつ人たちの思考の共通性を実証的に明らかにしてもっと実用的な形で実践の方法を表した，実証主義とプラグマティズムがその中心にあると思っていた。哲学という背景を共有することは，むしろ，認知行動療法のこのような基本的オリエンテーションに反するようにも感じていた。しかし本書は，ストア派哲学との共通性を見いだし，「哲学」との密なつながりを明らかにすることで認知行動療法に新たな次元を加えている。哲学者の伝記的逸話，そして彼らの詩的な名言をちりばめ，認知行動療法に文学的な美を加えているかのようである。実用的なシンプルさを極めた認知行動療法の言語が詩的で文学的な色を帯びはじめ，なんだかロマンチックな世界が描き出されているようにも感じた。

ストア派哲学という「生の技法」がどれだけ役に立つのかということは，やはり無作為臨床試験（RCTs）に委ねられるのだろうか。それとも，個人の内的な豊かさをもたらすものとしてそのまま読者が味わうことになるのだろうか。今後，ヒューマニスティック・アプローチと実存哲学のような密な関係を作りだすのだろうか。ストア派哲学と認知行動療法の織りなす治療的効果にも期待がかかるが，評者は，それ以上に，訳者たちが翻訳に取り組み，訳文を持ち寄り集まって話し合うというプロセス自体の「治療的」効果を感じた。ストア派哲学の文章を読み解き，そして現代の認知行動療法の言語と照らし合わせ，そして現代日本語で理解し，伝える作業が行われた監訳者のオフィスには，時空を超えた世界が作られ，生き生きとした空気に満ちていたに違いない。

新刊案内

Ψ 金剛出版　　〒112-0005　東京都文京区水道1-5-16　Tel. 03-3815-6661　Fax. 03-3818-6848
e-mail eigyo@kongoshuppan.co.jp　　URL https://www.kongoshuppan.co.jp/

トム・アンデルセン 会話哲学の軌跡
リフレクティング・チームからリフレクティング・プロセスへ

［著・訳］矢原隆行　［著］トム・アンデルセン

1985年3月のある晩，ノルウェーの都市トロムソで，精神科医トム・アンデルセンがセラピーの場の〈居心地の悪さ〉に導かれ実行に移したある転換。当初「リフレクティング・チーム」と呼ばれたそれは，「二つ以上のコミュニケーション・システムの相互観察」を面接に実装する会話形式として話題となる。自らの実践を「平和活動」と称し，フィンランドの精神医療保健システム「オープン・ダイアローグ」やスウェーデンの刑務所実践「トライアローグ」をはじめ，世界中の会話実践を友として支えるなかで彫琢された会話哲学に，代表的な論文二編と精緻な解説を通して接近する。　定価3,080円

対人支援のダイアローグ
オープンダイアローグ，未来語りのダイアローグ，そして民主主義

［著］高木俊介

現代社会は対人支援の現場においても協働作業が難しい状況にあり，障害者支援システムは大転換の時代にある。本書で展開されるのは，精神科治療のためのオープンダイアローグと，対人支援組織や当事者－支援者関係のための未来語りのダイアローグを統合するための実践的な試みである。ふたつのダイアローグでは，支援者に高度な精神療法的配慮とソーシャルネットワークを集める視点が求められる。著者は，共同体の再生を目指す，ふたつのダイアローグの技法的側面と治療哲学をバフチンの「ダイアローグの思想」を引用しながら有効な治療戦略としてわかりやすく解説する。　定価2,860円

認知行動療法の哲学
ストア派と哲学的治療の系譜

［著］ドナルド・ロバートソン　［監訳］東畑開人　藤井翔太
［訳］小川修平　木甲斐智紀　四方陽裕　船場美佐子

認知行動療法は，古代ストア哲学の末裔である――
霊と呪術から心を解放した近代科学の正嫡・認知行動療法には“知られざる系譜”が存在した……心の正面ドアをノックする「理性のコントロール」か？　はたまた心の裏階段から忍び込む「非理性のカタルシス」か？　アーロン・ベックとアルバート・エリスが愛したストア派の賢者たち――マルクス・アウレリウス，エピクテトス，セネカ――に導かれ，心の治癒の一大精神史を体感する。　定価3,960円

価格は10%税込です。

投稿規定

1. 投稿論文は，臨床心理学をはじめとする実践に関わる心理学の研究における独創的で未発表のものに限ります。基礎研究であっても臨床実践に関するものであれば投稿可能です。投稿に資格は問いません。他誌に掲載されたもの，投稿中のもの，あるいはホームページなどに収載および収載予定のものはご遠慮ください。

2. 論文は「原著論文」「理論・研究法論文」「系統的事例研究論文」「展望・レビュー論文」「資料論文」の各欄に掲載されます。「原著論文」「理論・研究法論文」「系統的事例研究論文」「展望・レビュー論文」は，原則として400字詰原稿用紙で40枚以内。「資料論文」は，20枚以内でお書きください。

3. 「原著論文」「系統的事例研究論文」「資料論文」の元となった研究は，投稿者の所属機関において倫理的承認を受け，それに基づいて研究が実施されたことを示すことが条件となります。本文においてお示しください。倫理審査に関わる委員会が所属機関にない場合，インフォームド・コンセントをはじめ，倫理的配慮について具体的に本文でお示しください。

   ★ 原著論文：新奇性，独創性があり，系統的な方法に基づいて実施された研究論文。問題と目的，方法，結果，考察，結論で構成される。質的研究，量的研究を問わない。

   ★ 理論・研究法論文：新たな臨床概念や介入法，訓練法，研究方法，論争となるトピックやテーマに関する論文。臨床事例や研究事例を提示する場合，例解が目的となり，事例の全容を示すことは必要とされない。見出しや構成や各論文によって異なるが，臨床的インプリケーションおよび研究への示唆の両方を含み，研究と実践を橋渡しするもので，着想の可能性およびその限界・課題点についても示す。

   ★ 系統的事例研究論文：著者の自験例の報告にとどまらず，方法の系統性と客観性，および事例の文脈について明確に示し，エビデンスとしての側面に着目した事例研究。以下の点について着目し，方法的工夫が求められる。

      ①事例を選択した根拠が明確に示されている。
      ②介入や支援の効果とプロセスに関して尺度を用いるなど，可能な限り客観的な指標を示す。
      ③臨床家の記憶だけでなく，録音録画媒体などのより客観的な記録をもとに面接内容の検討を行っている，また複数のデータ源（録音，尺度，インタビュー，描画，など）を用いる，複数の研究者がデータ分析に取り組む，などのトライアンギュレーションを用いる。
      ④データの分析において質的研究の手法などを取り入れ，その系統性を確保している。
      ⑤介入の方針と目的，アプローチ，ケースフォーミュレーション，治療関係の持ち方など，介入とその文脈について具体的に示されている。
      ⑥検討される理論・臨床概念が明確であり，先行研究のレビューがある。
      ⑦事例から得られた知見の転用可能性を示すため，事例の文脈を具体的に示す。

   ★ 展望・レビュー論文：テーマとする事柄に関して，幅広く系統的な先行研究のレビューに基づいて論を展開し，重要な研究領域や臨床的問題を具体的に示す。

   ★ 資料論文：新しい知見や提案，貴重な実践の報告などを含む。

4. 「原著論文」「理論または研究方法論に関する論文」「系統的事例研究論文」「展望・レビュー論文」には，日本語（400字以内）の論文要約を入れてください。また，英語の専門家の校閲を受けた英語の論文要約（180語以内）も必要です。「資料」に論文要約は必要ありません。

5. 原則として，ワードプロセッサーを使用し，原稿の冒頭に400字詰原稿用紙に換算した枚数を明記し，必ず頁番号をつけてください。

6. 著者は5人までとし，それ以上の場合，脚注のみの表記になります。

7. 論文の第1枚目に，論文の種類，表題，著者名，所属，キーワード（5個以内），英文表題，英文著者名，英文所属，英文キーワード，および連絡先を記載してください。

8. 新かなづかい，常用漢字を用いてください。数字は算用数字を使い，年号は西暦を用いること。

9. 外国の人名，地名などの固有名詞は，原則として原語を用いてください。

10. 本文中に文献を引用した場合は，「…（Bion, 1948）…」「…（河合，1998）…」のように記述してください。1) 2) のような引用番号は付さないこと。
    2名の著者による文献の場合は，引用するごとに両著者の姓を記述してください。その際，日本語文献では「・」，欧文文献では '&' で結ぶこと。
    3名以上の著者による文献の場合は，初出時に全著者の姓を記述してください。以降は筆頭著者の姓のみを書き，他の著者は，日本語文献では「他」，欧文文献では 'et al.' とすること。

11. 文献は規定枚数に含まれます。アルファベット順に表記してください。誌名は略称を用いず表記すること。文献の記載例については当社ホームページ（https://www.kongoshuppan.co.jp/）をご覧ください。

12. 図表は，1枚ごとに作成して，挿入箇所を本文に指定してください。図表類はその大きさを本文に換算して字数に算入してください。

13. 原稿の採否は，『臨床心理学』査読委員会が決定します。また受稿後，編集方針により，加筆，削除を求めることがあります。

14. 図表，写真などでカラー印刷が必要な場合は，著者負担となります。

15. 印刷組み上がり頁数が10頁を超えるものは，印刷実費を著者に負担していただきます。

16. 日本語以外で書かれた論文は受け付けません。図表も日本語で作成してください。

17. 実践的研究を実施する際に，倫理事項を遵守されるよう希望します（詳細は当社ホームページ（http://www.kongoshuppan.co.jp/）をご覧ください）。

18. 掲載後，論文のPDFファイルをお送りします。紙媒体の別刷が必要な場合は有料とします。

19. 掲載論文を電子媒体等に転載する際の二次使用権については当社が保留させていただきます。

20. 論文は，金剛出版『臨床心理学』編集部宛に電子メールにて送付してください（rinshin@kongoshuppan.co.jp）。ご不明な点は編集部までお問い合わせください。

(2017年3月10日改訂)

編集後記 Editor's Postscript

　今回は怒りをテーマに取り上げた。しかし，この怒りは奥が深く，ネガティブな側面とポジティブな側面の両面があり，人間の生きざまと切っても切れない関係があると思い知った。心理臨床場面ひとつ取り上げても，クライエントから怒りが表出されることがよくあり，われわれはどうしてもそれを管理しようとしたり，抑えつけようとしがちになってしまう。今回編集をしてみて，怒りの対処法はそれだけでは不十分であることがよくわかった。怒りとは，それを抱えるその人なりの生きるエネルギーと大いに関係があるからである。そして，怒りは治療者はもとより他者と共有されることがどれほど大切かも理解できた。ただ，怒りは時には攻撃性と結びついてさまざまなものを破壊に導いたり，傷つけたりするため，実際のところ，とても扱いにくいものである。それだけに，怒りの適切な対処法をこれからもっと探索するためにも，今後もこのテーマを掘り下げることが必要と感じた。

(橋本和明)

臨床心理学　第23巻第1号（通巻133号）

発行＝2023年1月10日
定価 1,760円（10%税込）／年間購読料 13,200円（10%税込／含増刊号／送料不要）

発行所＝㈱金剛出版／発行人＝立石正信／編集人＝藤井裕二
〒112-0005　東京都文京区水道1-5-16
Tel. 03-3815-6661／Fax. 03-3818-6848／振替口座 00120-6-34848
e-mail rinshin@kongoshuppan.co.jp（編集）eigyo@kongoshuppan.co.jp（営業）
URL https://www.kongoshuppan.co.jp/

装幀＝岩瀬 聡／印刷・製本＝音羽印刷

臨床心理学中事典

野島一彦監修
（編集委員）森岡正芳
岡村達也・坂井　誠
黒木俊秀・津川律子
遠藤利彦・岩壁　茂

総頁 640 頁，650 超
の項目，260 人超のその領域を専門とする随一の執筆者，9,500 の索引項目からなる臨床心理学の用語と，基礎心理学，精神医学，生理学等の学際領域を網羅した中項目主義の用語事典。技法名や理論など多岐にわたる臨床心理学の関連用語を「定義」と「概要」に分け読みやすくまとめた。臨床家必携の 1 冊！　7,480 円，A5 上製

自分描画法マニュアル
臨床心理アセスメントと思いの理論

小山充道著

自分の姿（ポートレート）を描く「自分描画法」はそのこころの内や置かれた環境などがよくわかる描画法として注目を浴びています。自分描画法の創案者による手引き。3,080 円，A5 並＋DVD

対人援助を心理職が変えていく
私たちの貢献と専門性を再考する

（臨床心理士・公認心理師）髙松真理著

臨床心理学の考えと心理職の実践は，精神医療や福祉，教育にどう影響を与えてきたのか。そして今後は？　本書は，「心理職のプロフェッショナリズム」についてまとめた一書。2,200 円，A5 並

公認心理師基礎用語集　改訂第 3 版
よくわかる国試対策キーワード

松本真理子・永田雅子編

試験範囲であるブループリントに準拠したキーワードを 138 に厳選。多くの研究者・実践家が執筆。名古屋大教授の 2 人が編んだ必携，必読の国試対策用語集です。2,420 円，四六並

どうして？
あたらしいおうちにいくまでのおはなし

ひぐちあずさ作・おがわまな絵

「妹ってそんなサイズでいきなりくるもん？」児童福祉施設で暮らすこころちゃんと，そのこころちゃんの里親をすることを考えている家庭で育つさとりちゃんをめぐる絵本です。1,870 円，B5 上製

動作訓練の技術とこころ──障害のある人の生活に寄りそう心理リハビリテイション

（静岡大学教育学部教授）香野　毅著

身体・知的・発達障害のある人の生活に寄りそう動作訓練をプロフェッショナルが伝授。導入から訓練中の着目点，実施の詳述＋実際の訓練の様子も写真入りで解説しています。2,420 円，A5 並製

臨床力アップのコツ
ブリーフセラピーの発想

日本ブリーフサイコセラピー学会編

臨床能力をあげる考え方，スキル，ヒントなどをベテランの臨床家たちが開陳。また黒沢幸子氏，東豊氏という日本を代表するセラピストによる紙上スーパービジョンも掲載。3,080 円，A5 並

学生相談カウンセラーと考える
キャンパスの危機管理
効果的な学内研修のために

全国学生相談研究会議編（杉原保史ほか）

本書は，学生相談カウンセラーたちがトラブルの予防策や緊急支援での対応策を解説。学内研修に使える 13 本のプレゼンデータ付き。3,080 円，A5 並

学校で使えるアセスメント入門
スクールカウンセリング・特別支援に活かす臨床・支援のヒント

（聖学院大学教授）伊藤亜矢子編

ブックレット：子どもの心と学校臨床（5）
児童生徒本人から学級，学校，家族，地域までさまざまな次元と方法で理解ができるアセスメントの知見と技術が満載の 1 冊。1,760 円，A5 並

がんと嘘と秘密
ゲノム医療時代のケア

小森康永・岸本寛史著

本書は，がん医療に深く携わってきた二人の医師による，嘘と秘密を切り口にテキストと臨床を往還しながら，客観性を重視する医科学的なアプローチを補うスリリングな試み。2,420 円，四六並

ひきこもりと関わる
日常と非日常のあいだの心理支援

（跡見学園女子大学准教授）板東充彦著

本書は，居場所支援などの実践を通して模索してきた，臨床心理学視点からのひきこもり支援論です。コミュニティで共に生きる仲間としてできることは何かを追求した一冊です。2,530 円，四六並

新しい家族の教科書
スピリチュアル家族システム査定法

（龍谷大学教授）東　豊著

プラグマティックに使えるものは何でも使うセラピスト東豊による家族のためのユニークな 1 冊が生まれました！　ホンマかいなと業界騒然必至の実用法査定法をここに公開！　1,870 円，四六並

「新型うつ」とは何だったのか
新しい抑うつへの心理学アプローチ

（日本大学教授）坂本真士編著

新型うつは怠惰なのか病いなのか？　この本は，新型うつを臨床心理学と社会心理学を軸に研究をしたチームによる，その原因と治療法，リソースなどを紐解いた 1 冊。2,200 円，四六並

あたらしい日本の心理療法
臨床知の発見と一般化

池見　陽・浅井伸彦　編

本書は，近年，日本で生まれた 9 アプローチのオリジナルな心理療法を集め，その創始者たちによって，事例も交えながらじっくりと理論と方法を解説してもらったものです。3,200 円，A5 並

世界一隅々まで書いた
認知行動療法・問題解決法の本

伊藤絵美著

本書は，問題解決法についての 1 日ワークショップをもとに書籍化したもので，ちゃんと学べる楽しく学べるをモットーにまとめた 1 冊。今日から使えるワークシートつき。3,080 円，A5 並

ポリヴェーガル理論で実践する子ども支援
今日から保護者・教師・養護教諭・SC がとりくめること

（いとう発達・心理相談室）伊藤二三郎著

ブックレット：子どもの心と学校臨床（6）
ポリヴェーガル理論で家庭や学校で健やかにすごそう！　教室やスクールカウンセリングで，ノウハウ満載の役立つ 1 冊です。1,980 円，A5 並

公認心理師の基礎と実践　全23巻

（九州大学名誉教授）・（東京大学名誉教授）

監修　野島一彦・繁桝算男　全巻好評発売中

最良の実践家・研究者による公認心理師カリキュラムに沿った全23巻のテキスト・シリーズ！　各2200円〜3080円

新しい価値観を創出する臨床誌

N:
ナラティヴとケア

B5判, 110頁　定価1,980円
年1回（1月発行）

小社メールマガジンの購読をご希望の方は，
mailmagazine@
tomishobo.com へ
空メールをお送りください

心と社会の学術出版　tomi shobo　遠見書房

〒181-0001 東京都三鷹市井の頭2-28-16
TEL 0422-26-6711/FAX 050-3488-3894
https://tomishobo.com　tomi@tomishobo.com

小社の出版物は，
全国の主要書店ネット書店で販売しております。

北大路書房

〒603-8303　京都市北区紫野十二坊町12-8
☎ 075-431-0361　FAX 075-431-9393
https://www.kitaohji.com（価格税込）

代替行動の臨床実践ガイド

ー「ついやってしまう」「やめられない」の〈やり方〉を変えるカウンセリングー　横光健吾，入江智也，田中恒彦編　A5・272頁・定価3080円　夜更かし，ギャンブル，飲酒，風俗通い，リストカット，家族間のコミュニケーション不全……。問題行動を減らし「望ましい行動」を増やすためのノウハウを紹介。

エビデンスに基づく 認知行動療法スーパービジョン・マニュアル

D. L. ミルン，R. P. ライザー著　鈴木伸一監訳　A5・352頁・定価5940円　スーパービジョンの進め方を，エビデンスをふまえた推奨事項に取りまとめて系統的に解説。臨場感あふれる18本の実演動画の全訳を収載した，CBTを効果的に用いる能力，困難への適応力を高める一冊。

実践！ 健康心理学

ーシナリオで学ぶ健康増進と疾病予防ー　日本健康心理学会編集　A5・208頁・定価2750円　医療・看護，福祉，産業，教育など，多様な人が活用できる健康心理学の「実践ガイド」を提供。まず，シナリオ形式で健康心理学の視点と方法論が役立つ状況を例示し，対応の仕方を解説。次いで，背景理論もしっかりと説明。

ドムヤンの学習と行動の原理【原著第7版】

M. ドムヤン著　漆原宏次，坂野雄二監訳　B5上製・424頁・定価7920円　学習心理学の泰斗・ドムヤンによる米国で評判のテキスト，待望の邦訳。行動の誘発，強化，制御，消去，変容に関わる学習の原理，およびその広範な活用について，神経科学の裏づけを加えつつ新たな研究知見を紹介。

臨床心理 フロンティア 公認心理師のための「心理支援」講義

下山晴彦監修・編著　小堀彩子，熊野宏昭，神村栄一編著　B5・224頁・定価3410円　臨床現場のリアルにあわせて，心理支援の技法を柔軟に使いこなす〈専門性〉とは。認知行動療法による学校や病院等での実践から体験的に学ぶ。クライエントや関係者と協働して問題解決に取り組むためのポイントを具体的に解説。

認知行動療法における治療関係

ーセラピーを効果的に展開するための基本的態度と応答技術ー　S. ムーリー，A. ラベンダー編　鈴木伸一監訳　A5・364頁・定価3740円　CBTのセラピストにとってこれまで意識の低かった治療関係について，セラピストの温かさ，誠実さ，共感性等が治療成績に及ぼす最新の知見を提示し，認識の変革を迫る。

〈ふれる〉で拓くケア タッピングタッチ

中川一郎編著　A5・272頁・定価3300円　ゆっくりやさしく〈ふれる〉ことが生み出す癒し，気づき，関係性への働きかけ。誰でも簡単にできるホリスティック（統合的）なケアの魅力を，心理，教育，医療，看護，福祉など対人支援の現場で活躍する専門家たちが豊富な事例で語る。

感情制御ハンドブック

ー基礎から応用そして実践へー　有光興記監修　飯田沙依亜，榊原良太，手塚洋介編著　A5上製・432頁・定価6160円　本邦で展開されてきた多彩な感情制御研究を一望できる書。基礎理論に始まり，社会・人格・認知・発達・臨床・教育，さらには経済・司法・労働までの各分野における最新知見を8部31章21トピックスで紹介。

シリーズ 心理学と仕事8 臨床心理学
太田信夫監修／高橋美保，下山晴彦編集　定価2200円

マインドフルネスストレス低減法
J. カバットジン著／春木 豊訳　定価2420円

ナラティヴ・セラピーのダイアログ
国重浩一，横山克貴編著　定価3960円

公認心理師 標準テキスト 心理学的支援法
杉原保史，福島哲夫，東 斉彰編著　定価2970円

レベルアップしたい 実践家のための 事例で学ぶ認知行動療法テクニックガイド
鈴木伸一，神村栄一著　定価2530円

ナラティブ・メディスンの原理と実践
R. シャロン他著／斎藤清二他訳　定価6600円

心理学ベーシック 第5巻 なるほど！心理学面接法
三浦麻子監修／米山直樹，佐藤 寛編著　定価2640円

愛着関係とメンタライジングによるトラウマ治療
J. G. アレン著／上地雄一郎，神谷真由美訳　定価4180円

グラフィック・メディスン・マニフェスト
MK. サーウィック他著／小森康永他訳　定価4400円

新刊案内

Ψ金剛出版　〒112-0005　東京都文京区水道1-5-16　Tel. 03-3815-6661　Fax. 03-3818-6848
e-mail eigyo@kongoshuppan.co.jp　URL https://www.kongoshuppan.co.jp/

強迫症を克服する
当事者と家族のための認知行動療法
[著] 矢野宏之

強迫症は本人の生活に支障をきたし，また，そのことを自分で責めたりしてしまうことも多く，とても苦しい病気である。家族や近くにいる人も，そのことで巻き込まれてしまうケースが多い。本書では，「洗浄強迫」「確認強迫」「整理整頓型強迫」「想像型強迫」……などさまざまなタイプを提示している。また，治療についても「ひたすら我慢する」「嫌なことをする」といった誤解のない理解を目指し，臨床現場のQ＆Aも盛り込みながら解説する。家族対応についても，知っておきたいことや家族の役割・心得などを詳細に記載している。強迫症を理解するために有用な一書。　　定価3,520円

性暴力被害の心理支援
[編著] 齋藤梓　岡本かおり

第Ⅰ部では性暴力とは何か，性暴力や性犯罪の現場で何が起こっているのか，二次的被害や心理教育，リラクセーションなど，被害者の心理にスポットを当てて説明する。また，多機関・多職種との連携や支援者におこる二次受傷についても紹介していく。第Ⅱ部では6つの架空事例をとおして，支援について具体的に示し，この領域に慣れていない方でも，支援の実際がイメージできるように，事件概要や司法手続き，心理支援の流れが詳細に書かれている。さらに，心理職が，被害者の回復に役立つ働きをするために必要な，法律，医学，政策や制度，連携機関等に関する周辺知識をトピックとして掲載している。　　定価3,520円

トラウマセンシティブ・マインドフルネス
安全で変容的な癒しのために
[著] デイビッド・A・トレリーヴェン
[訳] 渋沢田鶴子　海老原由佳

本書は，マインドフルネス瞑想の指導者やマインドフルネスベースのセラピーを行う臨床家に向けて，トラウマの神経生理学から，トラウマ症状を悪化させることのない安全な瞑想に必要なさまざまな措置までを解説する。そして，心的外傷体験を生み出し続ける現代社会においてトラウマに配慮するとはどういうことかを問いかけていく。　　定価3,520円

価格は10%税込です。

新刊案内

Ψ 金剛出版

〒112-0005　東京都文京区水道1-5-16　Tel. 03-3815-6661　Fax. 03-3818-6848
e-mail eigyo@kongoshuppan.co.jp
URL https://www.kongoshuppan.co.jp/

復職のための
セルフ・トレーニング・ワークブック

メンタル不調に陥ったときの処方箋

［著］中村美奈子

休職する人は，職場での長時間労働や業務過多，人間関係のトラブルがあり，また家庭でも子育てや介護などの状況でさまざまなストレスを抱え，限界に追い込まれてしまっていることが多い。それまでに積み重なってしまったストレスは一朝一夕でよくなるものではなく，しっかりと治療と休養を取る必要がある。本書は当事者の不安に寄り添いながら復職までをサポートしていく。　　　　　　　　　　　　　　　　　　　　定価2,970円

ハームリダクション実践ガイド

薬物とアルコールのある暮らし

［著］パット・デニング　ジーニー・リトル
［監修］松本俊彦　［監訳］高野 歩　古藤吾郎　新田慎一郎

"そのままでお話ししませんか"──薬物・アルコールの使用や誤用による「ハーム（害）」を「リダクション（低減）」するための具体的なメソッドが解説された日本で最初の実践書。多様な価値観・多様な選択のあるハームリダクションは，物質使用の複雑な状態をそのまま受け入れ，今現在使用中の方にも，再飲酒・再使用の経験を持つ方にも，誰に対しても寄り添って，今より少しでも暮らしやすく・生きやすくしていくためのプロセスを教えてくれる。　　　　　　　　　　　　　　　　　　　　定価3,520円

国際精神保健・ウェルビーイング
ガイドブック

［編著］井筒 節　堤 敦朗

2015年に国連総会で採択された「持続可能な開発のための2030開発アジェンダ」と「持続可能な開発目標（SDGs）」は，2030年までの世界の優先課題を規定したものであり，ここに精神保健と障害が含まれたことの意義は大きい。本書は，わが国における国際精神保健・ウェルビーイングをめぐる初めての専門書として，新しい国際優先目標となるにいたった歴史や背景と，各領域での事例と課題，今後の行動計画について，第一線で活躍する専門家・実務家・当事者が紹介する。　　　　　　　　　　　　　　　定価3,740円

価格は10％税込です。

新刊案内

Ψ金剛出版　〒112-0005　東京都文京区水道1-5-16　Tel. 03-3815-6661　Fax. 03-3818-6848
e-mail eigyo@kongoshuppan.co.jp　URL https://www.kongoshuppan.co.jp/

はじめてのメラニー・クライン グラフィックガイド

［著］ロバート・ヒンシェルウッド　スーザン・ロビンソン　［絵］オスカー・サーラティ
［監訳］松木邦裕　［訳］北岡征毅

本書では，メラニー・クラインの人生を豊富なイラストとともに追いながら，彼女の精神分析技法や転移・象徴機能・抑うつポジション・妄想分裂ポジションといった主要概念，また数々の分析の症例を読み解いていく。英国のグラフィック・ノンフィクションシリーズより，メラニー・クラインの巻を満を持して邦訳。クラインの理論を手軽に学べるだけでなく，一人の人間としてのクラインの姿が生き生きと浮かび上がってくる。　　　　定価2,640円

投影同一化と心理療法の技法

［著］トーマス・H・オグデン
［訳］上田勝久

投影同一化は当初，統合しえない情緒体験を分割し，内的対象に押しこむ排出空想として提起されたが，オグデンはこれを実際の対人関係を巻きこむ形で展開する心理的−対人的プロセスとして捉えなおし，さまざまな臨床場面で応用可能な理論へと練り上げた。本書では，投影同一化すらも成立しえない「無体験」という心的状態についても注目し，この概念を用いて統合失調症患者の中核的葛藤を「意味を生みだそうとする動き」と「意味を破壊しようとする動き」の葛藤として理論化した。そして，心的な意味が創造されるプロセスを臨床素材をもとに鮮やかに示している。　　　　定価3,960円

精神分析のゆくえ
臨床知と人文知の閾

［編著］十川幸司　藤山直樹

精神分析はどこに向かうのか？──生存を賭けた闘争の軌跡！
「臨床なくして精神分析はない──これは揺らぎようのない大前提である。しかし，精神分析を臨床のみに純化させてしまうなら（治療行為としての精神分析），その本質を歪められてしまうだろう。フロイトが明言するように，「精神分析を神経症者の治療に用いるのは，その応用例の一つに過ぎない」（「素人分析の問題」）のである。［…］精神分析と人文学との関係は，このようなパラドクサルな問いを私たちに強いてくるのである」（十川幸司「はじめに」より）
　　　　定価3,740円

価格は10%税込です。

新刊案内

Ψ金剛出版　〒112-0005　東京都文京区水道1-5-16　Tel. 03-3815-6661　Fax. 03-3818-6848
e-mail eigyo@kongoshuppan.co.jp　URL https://www.kongoshuppan.co.jp/

女性のこころの臨床を学ぶ・語る
心理支援職のための「小夜会」連続講義
[編著] 笠井さつき　笠井清登

女性のライフサイクル支援のために設立されたNPO法人女性心理臨床ラボにて，2021年に開催されたオンライン年間講座「小夜会」の講義を書籍化。松木邦裕，澁谷智子，堀越　勝，金生由紀子など，学派や技法を超えた総勢14名の豪華な講師陣が現代を生きる女性を取り巻くさまざまな困難について，精神分析，認知行動療法，児童精神医学，リエゾン精神医学などの多彩な視点から深い学びへ導き，臨床への活用をいざなう。女性のクライエントが抱える自身の困難や家族のケアに関する問題に，心理支援職が日々の臨床の中でできることを考え，学び，語り，問い続けるための一冊。定価3,850円

児童精神科入院治療の実際
子どもの心を守り・癒し・育むために
[編著] 齊藤万比古　岩垂喜貴

現在の児童精神科医療の現場では，これまで“発達障害”と呼ばれてきた神経発達症群の特性を持つ子ども，養育環境での児童虐待をはじめとする逆境体験に傷つき複雑性PTSDに苦しむ子ども，小中学生の年代で神経性やせ症となり生命の危険に直面している子どもが増えている。家族や施設職員は対応に行き詰まり，しばしば児童精神科入院治療に希望を託すしかない状況となり，それらに対応する児童精神科診療，およびその一環としての入院治療への期待が高まっている。本書は入院治療の現状と課題から，今後の児童精神科入院治療の進むべき道を探り浮かび上がらせる。　　　　定価4,620円

精神療法の理論と実践
日常臨床における面接技法
[著] 中尾智博

本書は，日々多くの患者と向き合う治療者のための実践的な精神療法の意義と役割について示しつつ，時間的・空間的制約が課される中でも，十分に精神療法的接近ができるようになることを目的とした，治療的戦略の書である。著者が築きあげてきた精神療法家としての素地を柱とし，強迫症関連におけるDSM-5やICD-11改訂のポイントなどの稀有な論題も含む第Ⅰ部，強迫症などの病態に関する最新の知見を症例とともに紹介し，主要な行動療法スキルをはじめ，より実践的なエッセンスをちりばめた第Ⅱ部からなる。
定価3,960円

価格は10%税込です。

好評既刊

Ψ金剛出版　〒112-0005　東京都文京区水道1-5-16　Tel. 03-3815-6661　Fax. 03-3818-6848
e-mail eigyo@kongoshuppan.co.jp　URL https://www.kongoshuppan.co.jp/

アンガーマネジメント 11の方法
怒りを上手に解消しよう

［著］ロナルド・T・ポッターエフロン　パトリシア・S・ポッターエフロン
［監訳］藤野京子

怒りは誰にでも生じるものである。それ自体によい，悪いはない。怒りそのものは「何かが問題である」というメッセージとして生じるものであり，加えて「その何かを変えようとする活力を与える」ものである。問題なのは，その怒りの感情をうまくとらえられなかったり，うまく処理できないことなのである。本書では，怒りを11種類に分け，それぞれの怒りについて理解を深めていく。　　　　　　　　　定価3,740円

子どもの怒りに対する
認知行動療法ワークブック

［著］デニス・G・スコドルスキー　ローレンス・スケイヒル
［監修］大野裕　［訳］坂戸美和子　田村法子

「キレる」子どもたちは，その行為とは裏腹に，彼らもまた，自らの衝動がコントロールできないことに深く悩んでいる。本書は，そうした悩みを抱えた子どもに対して，社会的問題解決スキルを養うことと感情をうまく調節できるようになることに焦点を当てる。子どもに関わる精神科医，心理士，ソーシャルワーカー，また，学校教育や少年司法プログラムに携わる専門職に役立つ認知行動療法実施マニュアル。　　　　　　　　　定価3,300円

愛はすべてか
認知療法によって夫婦はどのように誤解を克服し，
葛藤を解消し，夫婦間の問題を解決できるのか

［著］アーロン・T・ベック　［監訳］井上和臣

夫婦の関係を維持するために必要なものとは何か？　本書には多くの登場人物により全編にわたって多くの日常的なケースが紹介されている。結婚生活やパートナー関係には絶えず危機があり，その多くが離婚という結末を迎える。本書では，普通の夫婦間の不和についてその特質を正確に定義し，根本的な原因を明らかにしたうえで，問題をどのように解決するか，問題に対する洞察へのヒントが述べられている。全米でベストセラーを記録したベック博士の夫婦認知療法待望の邦訳である。　　　　　　　　　定価4,180円

価格は 10% 税込です。

PTSD・物質乱用治療マニュアル
「シーキングセーフティ」

［著］リサ・M・ナジャヴィッツ
［監訳］松本俊彦　森田展彰

本書で展開される治療モデルでは，患者の安全の確立こそが臨床的にもっとも必要な支援であるとする「シーキングセーフティ」という原則にもとづいて，PTSDと物質乱用に対する心理療法を構成する，25回分のセッションをとりあげている。認知・行動・対人関係という3つの領域に大別されるすべてのセッションで，両疾患に関するセーフティ（安全）な対処スキルが示される。かぎられた時間のなかですぐに使えるツールを求めているセラピストにとって，現状でもっとも有用な治療アプローチである。　定価6,600円

子ども虐待とトラウマケア
再トラウマ化を防ぐトラウマインフォームドケア

［著］亀岡智美

本書は長年，精神科臨床に携わってきた著者によって，子ども虐待とトラウマケアに必要なさまざまな視点や対処法が示されており，医療・保健・福祉・教育・司法といったあらゆる支援現場の方にとって指針となる必携の書である。各章は，被虐待児に起こるPTSDの諸症状やアセスメントのポイントから，何よりもまず念頭に置くことが求められるトラウマインフォームドケア，重要な治療プログラムとしてのTF-CBT，アタッチメントや発達障害との関連など，多岐にわたる臨床実践的視点から構成されている。
定価3,740円

子どものトラウマと悲嘆の治療
トラウマ・フォーカスト認知行動療法マニュアル

［著］ジュディス・A・コーエン　アンソニー・P・マナリノ　エスター・デブリンジャー
［監訳］白川美也子　菱川愛　冨永良喜

子どものトラウマ治療の福音として訳出が待たれていたトラウマ・フォーカスト認知行動療法（TF-CBT）マニュアルが，第一線の臨床家らによってついに刊行された。本書で述べるTF-CBTは，トラウマやトラウマ性悲嘆を受けた子どもへの治療法として信頼すべき理論的基盤を持ち，科学的に効果が実証され，厳密な臨床家の養成システムに支えられているアプローチである。著者らの臨床研究と実践現場での適用の試みを通してモデル化されたTF-CBTのすべてを余すところなく紹介する。　定価3,740円

価格は10%税込です。

好評既刊

Ψ金剛出版　〒112-0005　東京都文京区水道1-5-16　Tel. 03-3815-6661　Fax. 03-3818-6848
e-mail eigyo@kongoshuppan.co.jp　URL https://www.kongoshuppan.co.jp/

自尊心を育てるワークブック 第二版
あなたを助けるための簡潔で効果的なプログラム

[著] グレン・R・シラルディ
[監訳] 高山巖　[訳] 柳沢圭子

「自尊心（自尊感情）」は，ストレスや疾患の症状を緩和するばかりでなく，人が成長するための本質的な基盤となるものである。本書は，健全で現実的な，かつ全般的に安定した「自尊心」を確立できるよう，確固たる原理に基づいた段階的手順を紹介した最良の自習書となっている。今回大幅な改訂により新たに六つの章が加えられ，効果的概念〈セルフコンパッション；自己への思いやり〉ストレスと加齢，無条件の愛，マインドフルネスの気づき，意識の練習についても詳述されている。　　　　　定価3,520円

クライエントの言葉をひきだす
認知療法の「問う力」
ソクラテス的手法を使いこなす

[編] 石垣琢麿　山本貢司　[著] 東京駒場CBT研究会

クライエントにちゃんと「質問」できてる？——認知療法の経験豊富な中堅臨床家たちが，ソクラテス的手法を詳細に解説したオーバーホルザーの論文と，短期認知療法への適合性に関するサフラン＆シーガルの論文をもとに，認知療法における「問う力」（質問力）を包括的かつ実践的に解説。認知療法の初学者には先輩からの「紙上後輩指導」として，すでに認知療法を実践されている方には過去の面接を振り返り，自身の「問う力」を再分析・再検討するのに最適な一冊！　　　　　定価3,080円

マインドフル・ゲーム
60のゲームで 子どもと学ぶ マインドフルネス

[著] スーザン・カイザー・グリーンランド
[監訳] 大谷彰　[訳] 浅田仁子

静まり返った空間での瞑想でもなく，長期間のリトリート（合宿）でもなく，ゲームを楽しみながらマインドフルネスが身につく!?——これまでには見られなかったゲームという画期的な手段を使って，判断をせず，ありのままを見つめ，自分にも他人にも思いやりをもって生きていくマインドフルネスを身につけよう！　親・養育者・教師が子どもといっしょに楽しく学んでいける，わかりやすくて，楽しくて，遊びながらもみるみる身につく，あたらしいマインドフルネス実践ガイド。　　　　　定価3,300円

価格は10%税込です。

好評既刊

Ψ金剛出版 〒112-0005 東京都文京区水道1-5-16 Tel. 03-3815-6661 Fax. 03-3818-6848
e-mail eigyo@kongoshuppan.co.jp URL https://www.kongoshuppan.co.jp/

マインドフルネス・ストレス低減法
ワークブック

［著］ボブ・スタール　エリシャ・ゴールドステイン　［訳］家接哲次

不安，神経過敏，無気力などのストレス症状。慢性疼痛，エイズ，喘息，ガン，線維筋痛，胃腸障害，心臓病，高血圧，片頭痛などの慢性疾患。マインドフルネスはストレスフルな生活の原因となるストレスや不安を減らすだけでなく，安らぎや幸福を人生にもたらしてくれる。ジョン・カバットジンのプログラムを発展させ，シンプルでハイクオリティなセルフケアを約束する，ヨーガと瞑想と呼吸法による「体験重視」の実践的ワークブック！

定価3,190円

マインドフルネスのはじめ方
今この瞬間とあなたの人生を取り戻すために

［著］ジョン・カバットジン
［監訳］貝谷久宣　［訳］鈴木孝信

マインドフルネスは「気づき」であり，「気づき」は，今この瞬間に自分で評価をくださずに，意志を持って注意を払うことで深まっていきます。マインドフルネスの中心となる「気づき」について見通し，それを日常生活の中で深める方法を学びます。ストレスや疼痛，病気への対処，マインドフルネスの健康への効果について簡単に触れ，マインドフルネス・ストレス低減法を通じて，医学的な問題にどうマインドフルネスの実践を役立てていくかということにつなげていきます。

定価3,080円

ティーンのための
マインドフルネス・ワークブック

［著］シェリ・ヴァン・ダイク
［監訳］家接哲次　［訳］間藤萌

感情トラブルに巻き込まれた人をサポートする技法として，マーシャ・リネハンによって開発された弁証法的行動療法（DBT）。本書では，10代の思春期・青年期の子どもたちが健やかに穏やかな日々を送るために，4つのDBTのコアスキルを多彩なワークで学び，感情と上手につきあう方法を身につけていく。こころもからだも楽になり，人間関係もスムーズに，健やかに穏やかな日々を送るためのマインドフルネス実践ガイド。

定価3,080円

価格は10%税込です。

好評既刊

Ψ金剛出版　〒112-0005　東京都文京区水道1-5-16　Tel. 03-3815-6661　Fax. 03-3818-6848
e-mail eigyo@kongoshuppan.co.jp　URL https://www.kongoshuppan.co.jp/

セルフ・コンパッション　新訳版
有効性が実証された自分に優しくする力

[著] クリスティン・ネフ
[監訳] 石村郁夫　樫村正美　岸本早苗　[訳] 浅田仁子

セルフ・コンパッションの原典を新訳!　セルフ・コンパッション（自分への思いやり）について，実証研究の先駆者であるK・ネフが，自身の体験や学術的な知見をもとにわかりやすく解説。随所に設けられたエクササイズに取り組みながらページをめくれば，自然とセルフ・コンパッションを身につけることができる。めまぐるしく変わる社会情勢やさまざまなストレスにさらされる「疲れたあなた」を労わるバイブルが新訳新装版で登場。

定価3,740円

コンパッション・マインド・ワークブック
あるがままの自分になるためのガイドブック

[著] クリス・アイロン　エレイン・バーモント
[訳] 石村郁夫　山藤奈穂子

人生で何度も出くわす苦しくつらい局面をうまく乗り越えていけるように，自分と他者へのコンパッションを育てる方法について書かれたもので，コンパッション訓練の8つのセクションから構成されている。コンパッションが必要な理由，コンパッションの心を育てるときに大切な3つの「流れ」，注意と意識のスキル，「コンパッションに満ちた自己」のエクササイズ，コンパッションの力の強化，コンパッション・マインドの表現，生活のなかでのスキルの活用，コンパッションの維持を学ぶことができる。

定価3,960円

ティーンのための
セルフ・コンパッション・ワークブック
マインドフルネスと思いやりで，ありのままの自分を受け入れる

[著] カレン・ブルース　[監訳] 岩壁 茂　[訳] 浅田仁子

強い怒り，失望，恥，孤独など，さまざまな感情を抱えるティーンの心の中を理解しそれをうまく扱っていくためのセルフ・コンパッションの手引き。失敗したときに自分を責めるのではなく「誰にでもあること」と考えてあたたかくそれを受け入れること，心の健康と成長を支えるために必要不可欠なセルフ・コンパッションの考え方を本書を通じて身につけていく。ティーンだけでなく大学生，大人，対人援助職の方にも有用な一書。

定価3,080円

価格は10%税込です。

精神療法

増刊第9号 2022 Japanese Journal of Psychotherapy

平島奈津子＋「精神療法」編集部〔編〕　B5判 220頁 定価3,080円

こころの臨床現場からの発信

"いま"をとらえ、精神療法の可能性を探る

はじめに：平島奈津子

第1部 臨床現場からの声

I 精神療法の視点から "いま"をとらえる

臨床で抱えていくもの：岩宮恵子／「子ども臨床」に戻って思うこと：山登敬之／創造を導く制約の再構築：遠藤裕乃／児童養護施設から社会と個人を眺めてみた：大塚斉／社会適応という自己不適応：野坂祐子／悩みの多様性とその回復をめぐって：北西憲二／21世紀の人格構造をめぐって：牛島定信／「成長」の終わりと「人格」の消滅：髙木俊介／温故知新：大西守／コロナ禍と精神療法：対立をこえて：北村婦美／境界線に関する考察：林公輔／「悩みがあったら相談に来てください」：この呼びかけの弱点は何か：岡檀／僕の臨床：田中康雄／臨床の現場はいつも騒々しい：信田さよ子

II 精神療法の可能性を探る

コロナパンデミックによるグループ実践の変化：鈴木純一／本邦における集団精神療法の現状と課題：藤澤大介・田島美幸・田村法子・近藤裕美子・大嶋伸雄・岡島美朗・岡田佳詠・菊地俊暁・耕野敏樹・佐藤泰憲・髙橋章郎・中川敦夫・中島美鈴・横山貴和子・吉永尚紀・大野裕／「ひきこもる能力」を育む：加藤隆弘／精神療法についての個人的感想：原井宏明／精神療法としてのアドボケイト：井原裕／日常臨床に生かす認知行動変容アプローチ：大野裕／アメリカ精神療法最新事情：大谷彰／お別れの時間：笠井仁／性別違和の臨床において私が悩むこと：針間克己／精神医学のいまに精神分析を活かす：鈴木龍／こころの臨床，現場から：山中康裕／統合失調症を併存するがん患者の臨床：岸本寛史／探求方法としての書くこと：小森康永／精神分析的精神療法と未来：富樫公一／情緒が息づく空間 その温もり：森さち子

第2部 こころの臨床とメディア

精神科医がSNSで発言することの社会的意義について：斎藤環／専門家として情報発信すること：松本俊彦／テレビの作り出す非適応思考にどう対処するか：和田秀樹／こころの臨床現場と，その外の現場から：星野概念（俊弥）／疾患啓発か疾患喧伝か，そのぬかるみに足を取られて：香山リカ／ジャーナリストも心を傷つけている：松井豊

第3部 座談会

平島奈津子／井原裕／信田さよ子／藤澤大介

Ψ金剛出版

東京都文京区水道1-5-16　電話 03-3815-6661　FAX 03-3818-6848
https://www.kongoshuppan.co.jp/

価格は10%税込です。